U0137148

華志文化

華志文化

尋找中國文化精神
鍾博士談

鍾茂森博士◆著

我們必須，挽救陷溺的人心
重建道德，回歸人性的本源
走出現代人共同危機的出路

鍾博士以貫通中西古今的學養為根基，憑藉嫻熟的金融專業知識，真誠發揮中華文化精義，二者並行，以「仁、義、禮、智、信」（五常）為剖析依據，透過現象，探微掘隱，逐步引導我們發現危機的根源。

序言

序言

　　歷來中華文化都是中華民族的靈魂，也是中華民族團結一心、不斷進步、走向繁榮的精神支柱和智慧泉源。

　　年輕的鍾茂森博士，響應國家的號召，聽從母親和恩師乃至時代的召喚，毅然捨棄終生金融教授的職位，從海外返回國內，貢獻一己力量，並迅速成為弘揚中華傳統文化隊伍中的一位優秀踐行者。

　　鍾博士志在聖賢，以天下為己任，自西元2006年底重新做學生，師從淨空老教授，師志己志，淡泊名利，專心修學儒釋道三家經典，並遵循古訓「君子不出家而成教於國」，在錄影棚內錄製了一千多個小時的講習報告，透過網路音頻、視頻，向愛好傳統文化的各界朋友報告學習心得。

　　由於鍾博士的家學淵源，恩師的刻意栽培，自身真誠的發心，以及幾十年踐行孝道的行誼，得到了海內外朋友們由衷的認可和支持。

　　現代社會，大家不僅聽一個人講什麼？重要的是看一個人做什麼？所謂「聽其言，觀其行」。鍾博士孝親尊師，解行相應，堪為世範，使聆聽其心得報告的有緣人，大受法化乃至感通，因而深得利益，所以儘管鍾博士一直是半閉關狀態，嚴謹修身，潛心治學，也常常接到各種論壇以及學院的誠摯邀請，而博士每每以修學尚淺推辭，只有恩師准許才會出來演講分享。

　　本書即是鍾博士在恩師慈命下五次演講的彙集。分別是講於

西元2009年九月北京友成文化論壇的《金融危機的省思和出路——大變局下找尋中國精神》；西元2009年十月十七日，上海首屆商亦載道精神啟示論壇上的演講《中華商業倫理世紀重建之路——道義拯救商業危機》；西元2006年六月講於山西大同的《八榮八恥——明道德知榮辱》；西元2008年八月講於廬江文化教育中心的《百善孝為先》；西元2005年二月講於澳洲昆士蘭大學的《淺談青少年應有的美德——孝與戒淫》。

《金融危機的省思和出路——大變局下找尋中國精神》的主要內容：鍾博士以其貫通中西古今的學養為根基，憑藉嫻熟的金融專業知識，真誠發揮中華文化精義，二者並行，交相闡發，以中華文化的「仁、義、禮、智、信」這五種基本道德標準（五常）為剖析依據，以全球金融危機為剖析對象，透過現象，探微抉隱，鞭辟入裡，逐步引導我們發現危機的根源：近現代工商文明以每個人的自我利益為核心訴求，放大「貪婪」、「欺詐」、「驕奢」、「盲從」、「無信」等人性弱點，危機由此潛伏；今番危機爆發，我們必須從挽救陷溺的人心開始——重建道德，回歸人性的本源，就是走出危機的出路。

《道義拯救商業危機——中華商業倫理世紀重建之路》的主要內容：是針對近來世界性的金融危機，探討商業危機的原因。溫總理在英國劍橋大學演講，一針見血指出了道德缺失是導致這次金融危機的深層次危機。一些人見利忘義，損壞公眾利益，喪失了道德底線。其實商業本身不是什麼危機，危機的是人心，人的心中沒有了道德，才是真正的危機，也才會衍生出所謂的商業金融危機。所以，唯有用傳統文化重建商業倫理，用道義拯救商業危機。

《八榮八恥——明道德知榮辱》的主要內容：鍾博士「信而

【鍾博士談：尋找中國文化精神】

好古，述而不作」，首先以古聖先賢之教誨，告訴我們「道」就是父子、君臣、夫婦、兄弟和朋友這五種天然倫常關係，人在倫常關係中敦倫盡分，社會才能和諧長久；我們現在提出構建和諧社會，這就是道。又聯繫當今社會之現狀，把古代孝、悌、忠、信、禮、義、廉、恥八種德行與「八榮八恥的現代榮辱觀」自然融合在一起，結合孝道，結合我們中華的道統，理事圓通地闡述了只要心中有「道」，做到八「德」，就是做到了八榮八恥；而孝道是德行的根本，八德、八榮八恥只有從孝道入手，才不會是一個口號，才可以落實。

《百善孝為先》的主要內容：博士從「為何稱孝是百善之先？什麼是孝的真實意涵？如何行孝？」三個方面，結合自己成長過程中父母的培養，以及在學習、力行孝道方面的切實體會，闡明中華文化的精神、內涵就是一個「孝」字，孝道人心和善、家庭和樂、人際和諧、社會和睦、世界和平的法寶。

《淺談青少年應有的美德──孝與戒淫》的主要內容：博士以古聖先賢幾千年的義理，輔以精選的詳實案例，給我們闡明古德「百善孝為先，萬惡淫為首」教誨真實不虛，告誡青年人，面臨複雜的社會，立身之本、守身之要就是孝與戒淫。勉勵當代青年，努力使自己成為一個高尚的人，一個脫離低級趣味的人，一個有益於國家和人民的人。最後，用《弟子規》的「勿自暴，勿自棄；聖與賢，可馴致」結束演講。

在這些演講文稿中，值得一提的是博士在北京友誠演講後的精采答疑，不僅解除了許多人心中的疑惑，睿智的博士還以寥寥數語，呈獻了中華文化的內涵和精髓；還在講演中，尤其是《百善孝為先》中，博士特別選取了與母親往來的一些信件書稿，那一段段至情至性的文字，記載了博士成長的經歷，是母與子相依

相攜的溫馨回憶，散發著人倫至善至美的光輝，細心研讀品味，一定會給您很多的人生智慧與生命的啟迪。

博士多次與大眾共勉：「把孝心獻給父母，把忠心獻給國家，把愛心獻給人民，把信心留給自己！」

博士的母親則如是說：「能孝敬自己的父母是小孝；能孝敬天下的父母，全心全意為人民服務，是大孝；能成就聖賢，普利眾生，使千秋萬代人獲益無窮是至孝。我支持兒子走上大孝，奔向至孝。」

此母此子，異曲同工！母子連心，共同的語言，共同的覺悟，共同的理想，源自讓世界更和諧、更美好的聖賢之志。

鍾博士幾十年來，言行如一，孝親尊師，行為世範，力行聖賢教誨，講演即為心聲，所謂「誠於中，形於外」，亦為「修德有功，性德方顯」。今之學人，何其有幸，有緣與博士一起，在洋洋十幾萬言的心得報告中，找尋中國精神。

孔老夫子說：「仁遠乎哉？我欲仁，斯仁至矣」；那麼「聖賢遠乎哉？我志在聖賢，聖賢庶乎近矣」。博士常常講，天下只有一個匹夫就是自己，孟夫子也說：「當今之世，舍我其誰？」這是真正的中國人所應具有的精神。

是的，我們找尋的中國精神就是「天下興亡，我之責任」的一份承擔，是一個炎黃子孫對國家民族乃至全人類的責任和使命！讓我們以博士為範，以孝道為原點，修持道德仁義，自利利他，幸福人生，和諧世界，那麼無論面對任何變局，我們都能夠屹立不搖，演繹出幾千年中華文明涵養下的中國精神。

作為一名理科金融博士生導師，鍾博士融匯東西方之學養，貫儒釋道三家之義理，每一次演講都會契理契機，令大眾耳目一新之餘，總是意猶未盡。很多朋友都在演講後多方索求光碟和文

字資料，以期二度、三度體會其中的味道。雖然也有一些網站自動掛出文字或者視頻，但仍有很多朋友希望正版發行。

　　為了滿足大眾的需求，不揣淺陋，學習、整理了鍾博士的這些講演文稿，並集結成書，以饗眾位學人朋友。

　　本書是根據鍾茂森博士的演講，聽打、校對、編輯而成，因為德能不夠，時間也有限，一定還有很多疏漏，請各位大德同仁多多賜教，在此感恩，謝謝大家。

——編者敬呈

「取非義之財者，譬如漏脯救飢、鴆酒止渴，非不暫飽，死亦及之。」

——《太上感應篇》

目　錄

序　言

一 金融危機的省思和出路
大變局下找尋中國精神 ………………………… 13

二 道義拯救商業危機：
中華商業倫理世紀重建之路 ……………… 65

三 八榮八恥
明道德，知榮辱 …………………………… 83

四 百善孝為先 …………………………………… 145

五 淺談青年應有的美德
孝與戒淫 …………………………………… 179

六 為和諧世界培養君子儒 …………………… 219

後　記 …………………………………… 227

「凡取與，貴分曉；與宜多，取宜少。」

——《弟子規》

金融危機的省思和出路
——大變局下找尋中國精神

講於北京友成文化論壇（友成企業家扶貧基金會主辦）

時間：西元2009年九月十九日

地點：北京 香港馬會會館

尊敬的王理事長、尊敬的各位領導、各位企業界、文化界的朋友們：

大家下午好！

非常感謝友成基金會和香港隆慈基金會邀請，能夠在京城跟各位一起學習交流，這令後學感到無比榮幸。

今天，王理事長給後學的講題是《金融危機的省思與出路——經濟大變局下找尋中國精神》。

這個講題涉及到金融和文化。後學原來在學術界是從事金融研究工作的，之後就專門從事文化方面的學習，所以能夠把這段時間的學習心得跟大家做一次報告。我今天首先從金融說起，然後回到文化上來。

首先談談這次金融危機的起因。相信在座的各位很多都是企業界、金融界的朋友，您對金融危機可能了解得比我更多，我們略略從這裡做一個引言。

一、省思金融危機的根源——次貸危機背後的道德危機

西元2007年初，經濟危機首先在美國顯露出來，當時面對著華爾街一百七十億美元逼債，美國第二大次級抵押貸款公司——新世紀金融公司宣布破產，裁員54%，這就拉開了金融危機的序幕，成為了西元1929年以來全世界（可以說是）最嚴重的一次危機。它直接的現象是美國的房價大跌，房地產市場價格泡沫破裂，引發了整個建築業的萎縮，乃至整個經濟的衰退。真正發展成全球的危機是在西元2008年九月份，美國大型的金融公司雷曼兄弟公司倒閉，這就代表著危機已經發展成全球的金融危機，擴大的層面涉及全世界所有的新興市場國家，中國也受到了嚴重的影響。我們今天要討論一下金融危機是怎麼引起的？如果你翻開一些金融經濟學的雜誌，你可能會看到下面的一些解說——這個解說基本上是從經濟的角度來進行分析的：美國金融危機是怎麼引起的？這主要是一場次貸危機，也就是次級貸款危機。美國的房地產市場非常發達，老百姓買房子絕大多數靠抵押，現在中國也基本上都在朝這個方向發展。抵押很簡單：老百姓向商業銀行去貸款，用他們的房屋作為抵押，就拿到錢了。然後每個月去繳息，商業銀行要提供大筆的資金，資金的來源是什麼？當然除了存款以外，還需要其他資本，往往是發行債券。

於是，美國有一些投資銀行專門購買這些商業銀行的債券，把這些資金提供給商業銀行作為房屋抵押貸款。還有一些美國的所謂政府事業公司，像房地美、房利美，是很重要的購買房屋抵押貸款債券的公司。這樣，金融體系看起來非常正常。

這些投資銀行的資金從哪兒來的？他們也要靠債券或者是股票進行融資。他們發行這些債券給老百姓，就是說把從商業銀行那裡買來的債券重新進行包裝，重新發行新的債券，當然是以自己的名

譽作為擔保，然後又賣給了老百姓；把這些債券賣出去的同時，把風險也就轉移出去了，這個活動也是很正常的。這些投資銀行為了保證債券低風險，他們甚至會請一些保險公司做擔保。所以，債券本身有投資銀行的信譽擔保和保險公司的雙重擔保，本來風險是極低的，老百姓都放心購買。

　　這樣，問題就來了，假如美國的利率非常低，那麼商業銀行都很想從利益差價裡面賺取利潤，所以，他們的目標是盡量地做房屋抵押貸款。有一些老百姓的信譽比較差，他們的收入比較低，他們的風險也比較大，本來是不能夠貸到款的，但是商業銀行為了增加利潤，就還是把貸款貸給信譽程度比較低的這些貸款人。

　　如果利率一直很低，比如說從西元2002年一直到西元2004年這段時間，美國的利率是極低極低的，好像是沒有什麼太大的風險。可是，當美國政府調高利率之後，像西元2004年美國就開始調高利率了，隨著利率的增加，貸款的利率也要增加，所以這個時候很多的原來靠低利率才能貸到款的人，現在就要支付高利率了，他們的這些貸款就還不起本息了，這就會造成一連串的連鎖反應。因為房屋是抵押的，當他們還不起錢的時候，房屋就被收回去了。這樣，地產市場就會有嚴重地供大於求的現象，所以價格就會低。房地產本身就存在著價格的泡沫，經這麼一折騰，泡沫就破裂了，破裂之後就會引發整個股市、整個金融市場乃至實體經濟的大幅萎縮。在這當中，很多投資銀行發行債券來融資的時候，本來他們貸款出去的風險是比較高的，但是他們可能做了一些手腳，也就是把那些風險高和風險低的債券混在一起，然後以他們自己的信譽做保，發行一些看起來比較好的債券，實際上債券裡面是有水分風險的。

　　問題出現的時候，債券也就沒有辦法支付本息了，而保險公司在擔保的時候也因為圖利潤，所以對於債券的風險也沒有進行嚴格的評估，在一連串有點類似於欺詐行為的現象裡面，就導致了整個金融市場在利率升高的時候出現了金融危機。一般我們從雜誌裡面

看到的金融危機可能就是次貸危機，就是因為有次級的貸款，也就是所謂有問題的貸款，引發了金融危機。

我們今天所要探討的是更深層次的原因，並不僅僅是表面的次貸危機，還有更深層的因素。

溫家寶總理西元2009年二月二日在英國劍橋大學的演講中談到：「道德缺失是導致這次金融危機的深層次原因。一些人見利忘義，損害公眾利益，喪失了道德底線。」溫總理一語道破了金融危機的根本原因。

實際上，我們剛才講到的這種金融市場的借貸關係本身是一種正常的交易活動，光從制度本身來看，好像沒有什麼不正常。可是，操作制度的這些人見利忘義，不應該貸的款貸出去了，為了貪圖高利潤，不應該轉移的風險又轉移出去了，想用最低的風險獲取最大利潤的同時，他們道德的底線就破壞了，所以才會導致這樣的危機。如果用兩個字來解釋金融危機深層次的原因，那就是「缺德」——道德底線崩潰了。

在來北京之前，王理事長建議我看一本書（《金融的邏輯》），是一位美國著名大學的華裔教授寫的，他的結論——發展金融是中國的唯一出路。當然，作為一個金融教授這麼提出來是可以理解的，我原來也是學金融的，如果是從前，當我看到這句話，會覺得挺引以為傲的，將來我們的工作就可以得到保障了。

但是，在這裡我要對大家講一下，在一個缺乏道德根基的社會裡面，發展金融轉嫁風險的系統越發達，金融危機就越有可能發生。正如本次在美國產生的危機一樣。美國金融市場是全世界最發達的，可是危機卻從裡頭滋生出來了。為什麼？正如溫總理所說的，缺乏了道德的底線。

所以，我們不是說要批判這些金融制度，制度本身沒有好壞，但是，運作這種制度的人是關鍵。因此，中國真正根本的出路在於推廣和增進人的道德教育。我們從五個方面來分析。

儒家將「仁、義、禮、智、信」稱為五常。《左傳》裡面講：「人棄常則妖興。」人把五常給拋棄掉了，仁、義、禮、智、信沒有了，妖魔鬼怪就出來了，危機就是一個妖魔鬼怪。那我們從這五個方面結合現在的經濟跟大家做一個分析。

首先，金融危機深層次的原因有五個，這基本上是詮釋溫總理的話。

第一是貪婪，貪婪是無仁。

第二是欺詐，欺詐是無義。

第三是驕奢，驕奢是無禮。

第四是盲從，盲從就是無智。

第五是缺乏信用，這是無信。

沒有仁、義、禮、智、信的時候，危機就會產生。

（一）貪婪──「仁」的缺失

首先談第一個，貪婪。當然，很多人會說貪婪是人的本性，假如說沒有貪婪，經濟就不能發展了，就好像說貪婪是經濟發展的動力，必須要有貪婪才能推動經濟的發展，實際上這種觀點是很誤導人的。

我先從傳統文化來談起，最基礎的一個焦點，儒家的《弟子規》是做人的根本，小孩從小就要念的。〈泛愛眾〉這章講到：「凡取與，貴分曉；與宜多，取宜少。」你該拿的才拿，不該拿的君莫取，而且該拿的也得少拿點，留有餘地，不要拿盡了，給人的要多一點。《論語》裡面有一句話，「君子欲而不貪」。這個「欲」就是說君子的希求。希求什麼？欲仁，仁是我們所希求的。「欲仁而得仁，又焉貪？」我們所追求的是「仁」，又怎麼會貪婪？如果貪婪，也就沒有仁了。

我們結合金融體系一個基本的現象，從上市公司的管理模式談起。這裡並不是批判這個模式本身，因為過去教金融，往往在碩士

班第一堂課就教上市公司管理模式。共有三種：一種是獨資的，一種是合作夥伴，還有一種就是有限公司。上市公司都是有限責任公司，什麼叫有限責任？也就是說這個公司的擁有者，也就是股東，他們開公司的時候注入的資本就是他們全部的付出了。假如公司萬一拖欠債務倒閉了，這些股東他們所承擔的債務，也就是他們所付出的資本，你公司剩多少就還多少，跟股東本人無關了，這叫有限責任，而不叫無限責任。

不像中國傳統觀念裡面講的父債子還，你老爸欠的債兒子也得還，那是無限責任，但是有限公司不是這樣的。這會導致一個什麼現象？假如人缺乏了道德教育，他貪婪而不懂得節制的時候，就會出現以下的現象：股東因為隨時可以把股權轉移出去，賣股票很簡單，最容易轉嫁自己的擁有權，但貪婪心會導致他們有急功近利的思想，他們要求自己擁有股票的這段時間內，公司的管理層給他們付出最高額的回報，這是一種短期投資的心理。那麼管理層本身，CEO也是很希望得到在自己管理期內最大的報酬，所以他們跟股東的目的是一樣的。因此，他們會往那些高風險、高收益的項目上投資。高收益當然是很好了，但高風險可就不好了，可是你要知道有限責任就使得風險承擔變得有限了，反正我投入這麼多錢，最多是虧掉了。我如果能夠在短期內得到高額的利潤，我就可以鋌而走險，甚至會有欺詐行為產生。這種欺詐有隱性的，也有顯性的。顯性的欺詐就是偷稅漏稅、假報賬目，像金融醜聞那是顯性欺詐。隱性欺詐是什麼？風險太高的專案本來是不能投資的，但是為了高收益鋌而走險，還是去投資。怎麼投資？比如說靠借債，借債投資要是虧了怎麼辦？虧了可以跟債權人平分，分攤。也就是說股東本身他們投資多少，比如說我投資一千萬，我最多虧一千萬，但是我可能在項目當中得到二千萬。風險可以跟債權人平分，贏了是我贏，虧了我們倆分，而且我是有限責任，這就是詐欺。

我舉一個最直接的例子。今年年初三月份，在經濟危機當中，

美國政府出面救市，其中要救的一個大型公司就是美國國際集團AIG。美國政府提供了一千七百億美元。當時AIG公司本來接受了這樣的救濟，當然首先要解決公司的問題。可是沒有想到公司的高階主管們竟要求支付給他們西元2008年的獎金1.65億美元。要知道這個錢是納稅人的錢，血汗錢，為了救市，為了幫助你這個公司才拿出來的，可是這些高階主管們不但沒有感恩的心理，而且竟然先想到自己口袋平安。所以美國總統歐巴馬痛斥這種行為，叫「魯莽且貪婪」。

《弟子規》講了：「凡取與，貴分曉；與宜多，取宜少。」該拿的你才能拿。在這個時候，你還忍心拿這個錢中飽私囊嗎？怨恨就產生了。你要是重財輕義，問題就自然會產生了。這些公司主管們的道德底線，我們可以想像在哪裡？

另外一個案例中，去年美國第四大投資銀行雷曼兄弟控股公司虧損二十億美金，我們知道現在它倒閉了，但是在當時是可以不倒閉的，因為英國巴克萊銀行要收購雷曼兄弟。收購以後當然會對這個公司有很大的幫助，但是要知道收購以後，往往原公司的管理階層都會被解雇掉的，取而代之的是新公司的管理階層。這個公司的管理人員沒有想到要救公司，而是先想到自己：乘機在收購當中自己撈一把。美國有一個所謂「金色降落傘」的公司法條款，就是保證在收購當中，原公司的管理階層不會受到很大的經濟虧損，所以這是對他們的一種經濟保障。有八名雷曼兄弟的高階主管，就要求英國巴克萊銀行支付給他們二十五億美元的紅利，來給他們以經濟的回報。當然，這是不可能做到的事情，「我用十七億美元收購你們公司，怎麼可能給你們八個人二十五億美元的紅利？」你看這貪婪心多麼嚴重。所以，最後的結果當然就是雷曼兄弟破產了。這一破產對於整個金融體系的震撼就使得美國金融危機擴展到全世界了。

所以我們從這個現象當中得出結論：有限責任、短期化的薪酬

方式，能夠將人性貪婪放大到極致。假如人不能夠自制的話，往往在這種金融體系裡面可能造孽更深。這是講貪婪。

（二）欺詐——「義」的缺失

第二個金融危機深層次的原因是欺詐，欺詐是無義，義就是應該做的，不應該做的是欺詐。《論語》裡面有一句講：「君子喻於義，小人喻於利。」君子只講道義，不談名利，小人才在這個利益上面斤斤計較，在計較利益的同時也就忘記了道義。那我們想想，假如我們國家裡面的金融市場像美國的金融市場一樣發達，但裡面是小人當令，由這種只喻於利，而不喻於義的人來掌控，就難免會出現欺詐。

舉一個最典型的例子。這是早在西元2001年的時候，我講課時常常用這個例子，我覺得太典型了。曾經被美國《財富雜誌》列為五百強裡第七名的安然公司的金融醜聞，震驚了世界。這個醜聞是因為公司的高階主管們做財務假賬，欺騙投資者。所以使得這個公司的股票從歷史最高點九十美元一股一直跌到了不到1美元一股，最後的結果是公司破產了，數十億美金付之東流，近萬名美國的員工失去了他們的工作和保險金、退休金，很多人因此而輕生，震撼了整個美國股市，這是當時一個非常大的事件。

美國法院起訴公司的幾位高階主管，起訴書長達六十五頁，涉及了五十三項指控，包括騙貸、財務造假、證券欺詐、電郵欺詐、策劃與參與洗錢，內部違規交易等等。其中三個最主要的罪魁禍首，他們的結果怎麼樣？這個公司的創始人前CEO肯尼斯，他將被判決監禁四十五年，當然，他已經很老了，是沒有這個命去坐這個牢了。得到這個資訊之後，他就突然心臟病突發去世了，這四十五年我們想他來世還是得補的。

另外一位前CEO傑夫·斯基林，被指控二十八項罪名，將面臨著二百七十五年的有期徒刑，這幾輩子都還不完的。而副董事長約

翰·巴克斯在汽車裡面自殺,拿著手槍向自己太陽穴開槍,自殺身亡了。你看看,這就是小人的結局。

要知道,見利忘義的人掌控了公司,掌控了市場,對整體的經濟社會沒有好處,他們自己也不會有什麼好的下場。道家的《太上感應篇》說得很好:「取非義之財者,譬如漏脯救飢,鴆酒止渴,非不暫飽,死亦及之。」「漏脯」就是把肉放在屋簷底下,雨水滴下來,泡著這個肉,這個肉就會變得很毒,吃了它馬上就會死。鴆酒就是毒酒,餓了吃這種漏脯來充飢,渴了喝這種毒酒來止渴,還沒有吃飽,死就來了。看到安然公司三位高管的結局,正應了這句話。

所以在這裡我要再次重申,金融制度本身沒有好壞,好壞在於誰來運作這個制度。如果是君子運作這個制度,那麼這個制度越發達,對於社會就越有幫助;假如是小人在運作這個制度,那這個制度越發達,越可能被他們利用。

剛才提到這位美國著名大學的學者在書裡面提出這樣的觀點:他說儒家的孝悌仁義的思想是抑制經濟發展的,而金融市場的發展最終能打倒孔家店,成為推動未來中國經濟發展的唯一出路。這是他的觀點,十分的震撼。這個觀點是以金融市場發展為本,跟中國提出的「以人為本」是相悖的。

我剛才舉的例子,提出的觀點是什麼?金融市場發展本身沒有什麼好壞,當然你發展很好,不發展也不能說太差。因為什麼?國家的穩定和繁榮,關鍵取決於人,要以人為本。有了好的人,大家都是君子,就有好的制度。那什麼是好人?有德的人就是好人,所以國以人為本,而人以德為本。道德的危機才是真正的危機,金融本身不是什麼危機。

(三)驕奢——「禮」的缺失

第三方面,跟大家談一下奢侈。剛才講了無仁、無義,現在該

講無禮了。這個禮是講禮節，待人以禮，待自己也要有節制，奢侈本身就不符合禮法。

我們現在的金融經濟學術界，其實很多都是「海歸派」，包括我本人在內，原來都是在美國留學的，都是學這行的，多多少少會鼓吹美國的這種所謂的刺激消費、刺激經濟這樣的一個理論。我們看看美國這一段時間以來，從西元2001年到現在將近十年當中，美國一直都是以刺激消費帶動經濟成長的，這個理念是他們的經濟策略，哪怕是國家的利率非常低了，他們都把這個利率一降再降，甚至有很多時間利率都差不多是0%了，還是要刺激消費、刺激投資。因為消費就帶動需求，需求帶動投資，帶動經濟成長。

美聯儲從西元2001年到西元2004年當中，聯邦基金利率從6.5%降到1%，降到不能再低的程度。一年的調息抵押貸款利率就是房地產市場裡的利率，從西元2001年底的7%下降到西元2003年的3.8%，你用3.8%的利率就能夠拿到貸款，就能買房子，這是刺激了很多房屋購買的需求，所以房價也跟著攀升了，但是攀升的同時價格的泡沫也就產生了。

如果利率一直這麼低，當然沒有問題，可是從西元2004年六月到西元2006年八月當中，美聯儲開始調高利率。這個利息一升，就提高了購房借貸的成本了，這對房地產是一個很大的打擊。本身價格就有泡沫，加上需求一拉緊，結果就導致房價下跌，抵押違約的風險大大增加。我前面說到了這裡面有很多的水分，很多的不應該貸的款貸出去了，風險是很大的；當利率升高的時候，這些問題就會變得非常地明顯，最終就導致了次貸危機的爆發，所以這種刺激消費的貨幣政策，其實是本次金融危機的一個前因。

我們看看美國的消費，還要刺激嗎？我跟大家要說明的是美國的消費已經過分了：美國人口只佔世界的4.5%，可是他們的消費卻佔整個世界的三分之一，33.3%的物資資源被他們消費掉了。在消費的同時當然會有很多的負面影響，比如說對環境的污染，這是其

中一個重要的影響。按照人均溫室氣體排放量來計算，美國仍是全球第一大的污染源——不是中國，是美國。

在美國由於過分地消費，大約27%的可消費食品被大量地浪費掉了，也就是說很多美國人，比如說買了牛奶放在冰箱裡忘了，一直留到過期只好倒掉，這些本來可以不用浪費的東西佔了27%。每個美國人平均每一天都浪費掉一磅食品，大約每年扔掉四千三百七十五萬噸的食品，這是一個天文數字。這些食品本身釋放出溫室氣體甲烷，對環境也是嚴重的污染。在美國過分消費甚至是浪費的同時，根據世界銀行和國際貨幣基金組織聯合發布的報告裡面我們看到，世界長期飢餓人口的人數今年已經超過十億了，真如古人所說的「朱門酒肉臭，路有凍死骨」。

那美國的消費靠什麼來刺激的？更為滑稽的是這個消費是用未來的錢來消費的，叫超前消費，也叫借貸消費。美國人沒有錢怎麼辦？借錢消費。大家很多人都去過美國，都知道，買房、買車、買電器、買很多的家具、幾乎所有的家居用品都是可以用借貸的，甚至就是買食品，基本上都是用信用卡，也是借貸消費。借貸消費不是用今天自己的錢，是用將來的錢。不僅是美國老百姓，政府也是靠借貸消費，當然上行而下效，美國百姓學政府。美國聯邦政府累計的債務已經高達65.5兆美元了，這要超過美國GDP的四倍還多，而且也超過了整個世界的GDP，國民生產總值。換句話說，假如全體美國人三億人口都不吃不喝勒緊腰帶，要還聯邦政府的債務，要還四年才能還清。

那麼，美國老百姓的家庭債務目前已經超過了三十兆美元，每人平均十萬美元。換句話說，假如你在美國的收入是十萬美元一年，這是很高的收入，我過去在美國做教授，還沒有達到年薪十萬，也就是說一個至少中上水準的人不吃不喝一年才能還清每人平均的債務。美國按照他們的每人平均收入來講，要還這個債，至少要還兩年。所以消費靠什麼刺激？借貸。

我們做一個中美的比較：現在中國的居民消費率（所謂消費率就是消費額跟收入額的比率），總消費對國民生產總值的比率西元1991年是48.8%，到西元2007年是35.4%，是下降的趨勢。如果是按照那位美國教授的觀點來看，這不是好現象，他覺得這個消費應該繼續地促進和成長。美國的居民消費率是70%左右，換句話說他們已經是我們的兩倍左右。

　　中國西元1986年到西元2004年當中，GDP的平均成長是15.74%，這是很高的一個成長率。那麼居民消費成長是低於收入成長的，只有14.48%；也就是說你所收入的成長速度比你所消費的成長速度要高，這很好，這樣積蓄就多了。可是美國正好相反，居民消費率年年都高於GDP的成長，換句話說這就是超前消費，賺的錢還不夠花的錢多。

　　我們來看一下這種現象，是美國的好？還是中國的好？剛才所提到的那個學者認為西方的工業革命一百年後的今天，生產已經不再是經濟成長的瓶頸了，為什麼？基本上現在你要什麼就能生產什麼，而經濟成長的瓶頸在於消費的需求，你生產出來沒有人買，這是瓶頸。所以，應該用促進消費的手段來刺激經濟的成長。美國就是用這種哲學，所以中國也應該效仿美國，也應該繼續的促進消費成長，因為他說現在還有很大空間，因為收入成長率還是高於消費成長率，賺的錢還是比花的錢多，所以你必須多花一點。收入成長相對緩慢，GDP成長了兩位數，可是你的消費成長你可以愛花多少花多少，你是可以無限的。怎麼樣來花？借錢來花。所以他鼓勵借貸市場的發展，多借錢。

　　這個哲學，用一個簡單的比喻來講，就好像一個人餓了，要不斷地煮飯吃，吃得很飽了，都吃撐了，還得吃，把飯都吃掉。就是這樣的，這種哲學是有很大的副作用的。

　　《四書》之一的《大學》中講到：「生財有大道，生之者眾，食之者寡，為之者疾，用之者舒，則財恆足矣。」這是我們老祖宗

的經濟發展哲學：「生財有大道。」為什麼中國經濟持續這麼多年高速度成長，令所有世界的經濟學者們歎為觀止？其實這個哲理很簡單，就是「生之者眾，食之者寡」，即生產的商品多，收入成長速度快，比你消費得要多。你生產得多，消費得少，這樣經濟成長速度就快，但是消費成長相對緩慢；「為之者疾」，就是你生產要快；「用之者舒」，就是消費要慢，結果就是「財恆足矣」，這就解釋了我們中國為什麼持續這麼多年經濟高速成長的根本原因。

那位學者認為借貸消費可以將未來較多的收入平攤到今天，來補充今天收入的不足，這是他最重要的一個觀點。為什麼要靠借貸消費？我們在座的很多年輕的朋友，現在你的收入在你的一生中可能是最少的，隨著你的成長，你的收入越來越多，到了中晚年，你收入是最多的時候。但是，問題是你現在是最需要消費的，現在你得買房，你得結婚，你得消費很多東西，與其說把這個消費推到晚年才去消費，你得一直工作到晚年才能買房子，不如你現在就借錢、繳息、抵押，就可以買到房子了，就可以消費了，這是把未來的收入挪到今天來用。然後，你就可以平攤你這一生的收入，這是一個經濟學家提出的理論。他認為這種理論應該適合於中國，所以應該鼓勵我們現在的年輕人多消費、多借貸，發展借貸市場。這個理論當然聽起來是非常好的，我也不是說在這裡反對借貸市場的發展，但是我要指出一點：這個理論的前提是什麼？假如沒有意外，你的收入沒有意外的時候，假如你現在的年薪是一年十萬，隨著你年齡的成長，你的經驗的累積，經濟很穩定，社會沒有問題，沒有戰爭，沒有海嘯，沒有自然災害，沒有病毒感染，等等等等，你的收入一直都在增加，沒有任何意外的話，純粹是經濟現象，當然這是沒有問題的。

可是，萬一有了意外怎麼辦？要知道假如我們借錢借了很多，突然沒有了工作，可能很多人首先考慮的就是跳樓。根據世界媒體的報導，每次金融危機都會引發自殺潮，為什麼自殺？前途渺茫。

沒了工作，又債務纏身，只有一死了之。美國有一個自殺協會，他們承認失業率與自殺率之間存在著明顯的關係，換句話說發展借貸市場，鼓勵借貸消費會有一種很可怕的危機在裡面。

所以，到底消費到什麼程度為好？我個人認為不應該超過你的收入的成長。借貸市場是需要發展，但是也要有一定的限制，而最重要的不是在探討用什麼樣的制度最好，在這裡要提出：最重要的是對人自身道德修養的建設，由這個人來駕馭這個制度，一切都是一帆風順的。

（四）盲從──「智」的缺失

第四個是無智。很多市場的參與者是盲從的行為。我們先來講講股票和債券，這兩樣東西怎麼發展起來的？實際上在十七世紀到十八世紀，歐洲很多國家英、法、荷蘭、西班牙等等，他們到處打仗，打東邊，打西邊，東邊打到了印度、中國，西邊打到了南美、北美、非洲，那麼這大筆的軍費開支怎麼來支持的？政府就發行債券，就靠借錢，所以金融市場就由此開始發展起來了。到最後，政府已經沒有足夠的現金還借貸的本息的時候，怎麼辦？又想出了一個辦法：發行股票。股票是不用還本的，你買了這個股票，一直持有下去，你的利潤來源於股息的收入和股票的差價，你買低賣高就賺了。那麼這些股息的現金流量從哪兒來的？這些政府就向股民們承諾：「我們現在打印度去了，去搜刮那邊的民脂民膏，把我們的戰利品拿回來跟你們分享。」所以就能打出一個借據給大家，到時候一定有你的好處，很多人就跟著買了。第一批股民買了，得到了很多的戰利品，股息、價格升高了，很歡喜。第二批股民又進來了，價格又升了，又賺了。等第三批股民又進來的時候，突然價格泡沫破裂了，股票的市場危機就產生了。

我們來簡單地介紹一下股票價值是怎麼決定的。基本上決定價值有兩個因素。第一個是預期現金流量，對股票來講就是股息。第

二個是預期報酬率，就是你預期股票能升10%，你花一塊錢買的，將來會多一毛錢，一毛錢就是升值的部分，是你的報酬。假如你有一百塊錢現在用於投資，你可以有兩種方法：一種方法放到銀行裡面，作為定期存款存一年，銀行給你5%的利息，你到一年之後能拿回一百零五塊錢，其中五塊錢是利息。另一種方式可以買股票，購買一家企業的股票。這個企業當然它的風險比定期存款要高，所以他預期報酬率也要高，是10%。你被承諾一年之後你會有十塊錢的回報，一年之後賣了股票你能拿回一百一十塊錢，這是預期收入。當然預期是有風險的。

那麼現在反過來講，假如你一年預期可得一百一十塊錢的現金，而預期報酬率是10%的時候，那麼這張股票今天的價值應該有多少？這麼一反過來算應該是一百塊錢。所以，股票價格假如高過一百塊錢，你就不會買了，你買了就虧了。那假如說低於一百塊錢，你肯定會買，因為你買了以後你預期會賺。所以，如果市場是健康正常的，那麼用一個現值公式，比如說你預期獲得一百一十塊錢，報酬率是10%，110除以（1＋10%），等於100，可以決定今天的股票價格應該是一百塊錢，再看看股票市場上是不是一百塊錢，高了就不買，低了就買。就是說假如市場是健康、正常、有效率的，那麼用這個現值公式算出來的一百塊錢是股票的價值，應該等於現在市場上交易的實際價格，也就是一百塊錢。假如不等了，你就有買賣的行為了，你高於一百你賣吧，低於一百就買吧。買賣的行為一定會迫使價格等於價值，所以股市就變成了一種平衡。那不僅價值和價格應該相等，而且它們的波動性應該相等，就是它們的起伏變化也應該相同。我過去就是專門做這方面的研究，曾經用美國一百三十八年的資料，從西元1871年開始到西元2003年為止，最近我又把它延伸到西元2008年了，用美國標準普爾（Standard & Poor）指數來作為研究，將價值跟它的價格之間做一個對比。剛才我講了，假如市場是健康、正常的時候，價值和價格應該完全是相

同的，可是我們看到這兩個是截然不同的，差別很大，實際價格的波動性遠大於價值的波動性。

耶魯大學有一位美國教授（Robert Shiller），他寫了一篇文章，講到美國的股票市場波動性太大了，原因是因為市場參與者是沒有理性的，也就是盲從的，所以才導致價格無謂的波動。要知道價格取決於投資者的信心。假如投資者對企業很有信心，對它的前景很有盼望，他想買，價格就升。假如他對前景已經非常失望，沒有信心了，價格就降了。那麼這個信心其實是非理性的，而且這種非理性正在膨脹，就是越來越非理性，越來越愚癡，越來越不能夠控制自己的行為，這才會導致價格波動這麼大，導致價格的泡沫化。

那危機怎麼產生的？當投資者信心在短期內非理性到崩潰了，這就導致價格泡沫的破裂。我們在這兒聽得很清楚，很明白，怎麼這些投資者這麼笨？該買的時候不買，該賣的時候不賣，盲目跟從，實際上這種非理性的行為自從股市產生以來就有。

在歐洲，第一次股市崩盤是在西元1717年，當時是清朝康熙年間，康熙五十六年。後來，梁啟超先生就對股市危機分析過，他把這個泡沫的破裂稱為「氣泡」，跟我們現在講的泡沫是一個意思。在第一次歐洲崩盤的時候，大家知道大物理學家牛頓，他也買了股票。本來牛頓是很聰明、很有智慧的人，可是他也被套牢了，就是說牛頓也在盲從，他寫給他的一個委託代買股票者的信還存在大英博物館裡。梁啟超當時評論這件事情時說，應該把這封信「藏之於國家圖書館，視為鴻寶，以為商務中人誡」，讓我們吸取教訓。

西元1929年美國也是股市大跌，這是大蕭條。當時，最著名的一位經濟學家凱恩斯也遭到了嚴重的損失，接近於破產。換句話說，分析股票的起落和你判斷得正確與否？真的是需要智慧的，不是說你有很多的知識就能夠解決。如果說知識，那牛頓、凱恩斯他們當然都是大知識家了，可是他們為什麼也被套牢、也接近破產？也就是說他們所擁有的「知識」，不是我們中國老祖宗所說的真正

的「智慧」。為什麼？中國老祖宗有句話叫「利令智昏」，一個人在追求利益的時候就昏了，唯有在把利益看淡，甚至置之度外的時候，你才能夠有「智慧」。當然你會說，那有智慧的人也就不會買股票了，他要買股票肯定是為了利益，這個當然是一個很好的結論。我不敢說我自己是位智者，但我要感謝我母親，我雖然學金融，但是我母親不讓我從事金融投資，不讓我買股票，不讓我做這個行業，讓我好好待在大學裡教書。我研究股市，不敢下海，為什麼？就怕犯了牛頓和凱恩斯的錯誤。

在西元1872年，那是清朝同治十一年九月二日，當時其實中國已經有股市了，中國股市的經驗絕不會比歐洲少多少，而且中國第一次股市崩盤遠早於西元1929年美國的股市崩盤。所以不要小看我們中國人，中國的金融市場早已發展了。

當時上海《申報》有一個評論說：「今華人之購股票者，則不問該公司之美惡，即可以獲利與否？但有一公司新創，糾集股份，則無論如何，競往附股。」這是原話，文言文寫的。大概意思就是說，當時的人購買股票不管那個公司好壞，也不做基本分析，不看有沒有利潤，只要一發行股票就蜂擁而上。你看西元1872年上海《申報》的這段評論，用它來評論我們現在金融危機產生的原因，其實真的是非常正確。一百多年後，人們竟然還在重複地犯同樣的錯誤，這是無智。

（五）無信───「信」的缺失

第五個，無信。這次金融危機的產生，剛才講到了，是美國商業銀行為了拓展抵押貸款業務，把門檻大幅度地降低，對信用紀錄較差的貸款人發放了房屋抵押貸款。為了什麼？為了圖利潤。而且又把這些貸款重新打包，發行債券放出去，把風險又轉移到了老百姓身上。這對商業銀行和投資銀行來講是好事，可以拿到利潤，又不用承擔風險。雖然說表面上不承擔風險，但是對整個整體經濟

來講風險加大了。當時美國次級抵押貸款（有問題的貸款叫次級貸款），其佔總貸款的比率從西元1999年的5%～15%猛增到西元2003年以後的25%～35%，拉動了整個房地產的發展，價格泡沫產生了。

這些金融機構、投資銀行等等就利用房貸證券化，把貸款貸出去了，然後重新打包，發行證券，轉移風險到投資者身上。而且，為了多推銷這種有問題的債券，他們不斷地產生造假行為。比如說債券本身要經過評估，美國有好幾個大的評估公司，是專門評估債券信用程度的，如果你這個公司的債券是三個A的，發行就很容易，價格也很好，如果是個C的，那就差，那屬於垃圾債券。評估公司為了利益，降低他們信用評估的程度，使這些有問題的債券很順利地就推銷出去了。所以，無事則已，有事情了，這個風險就轉成了危機。這是一種無信。

連最大的信用評估公司都不講求信用了，這個就很危險了。《論語》上講，「人而無信，不知其可也」。一個人不講究信用，他就不能立足於社會，全社會的人都不講求信用了，危機就到來了。

好，那麼剛才給大家做了一個簡單的介紹，稍微做一個小結：本次金融危機的原因不是表面的次貸危機，實際上是道德的危機，是缺乏仁、義、禮、智、信的危機。

知道根本原因了，我們怎麼找出路？

🌸 二、探明金融危機的出路──重建道德，回歸本源

本次金融危機，實際上每一次危機的根本原因，都是道德原因。我們剛才用儒家的五常──仁、義、禮、智、信，來分析危機發生的原因，這五條要是沒有了，危機就會產生了。所以危機不在於制度，而在於人。

這個原因明白了之後，我們今天來探討出路就很明顯了，出路在哪兒？恢復道德，恢復仁、義、禮、智、信，缺德就要修德。所以金融危機以後，人們的價值觀急需要回歸。

「人之初，性本善」，仁、義、禮、智、信是我們每個人本有的德行，即每個人本來就具有仁、義、禮、智、信這五種基本道德。現在就是因為物欲，追求利益，追求欲望，把這本有的道德給遮蔽掉了，現在我們要回歸。這不是外來，不是從外面抓回來，它沒有真正地失去，我們只是需要內省。

我也是一條條跟大家分析，先講「仁」——歸仁。

（一）歸仁——仁者以財發身

《大學》講：「仁者以財發身，不仁者以身發財。」

什麼意思？一個人如果是仁者，他要有仁愛的心靈，仁者愛人，他要有愛心。考慮到自己就考慮到別人，這是仁者。他用他的財富使得他的道德能夠提升，是用於修身。

我在這裡看到友成基金會的介紹，最後結束語引用了李嘉誠先生在西元2006年獲獎時的一段話。他說：「有財富的人有很多選擇，而有能力選擇做出貢獻是一種福分。作為企業家，我們不但要在競爭壓力之中脫穎而出，更要懂得怎樣活出人文、公益和慈善的角色，那樣我們的一生肯定不會白過。」

我想這段話就是對「以財發身」的最好詮釋。

不仁者只為自己的私利，忘記了道義。他用自身道德的虧欠作為代價來發財。要知道靠損人利己能發財嗎？不見得。古人有一句話說得好：「命裡有時終需有，命裡無時莫強求。」這個人如果算了命，他八字裡面帶多少財，實際上都是因為過去佈施而來。如果我們靠不正當的手段去發這個財，能發的財是命中本有的，額外的財你能得到嗎？不能，反而會身敗名裂了。這是以身發財，這就是冤枉做了小人了，正所謂「君子樂得做君子，小人冤枉做小人」。

　　我認識一位企業集團的當家人，這是一個家族集團，就是賴福金集團：一個母親帶著幾個兒女，是個家族企業。我跟這位老母親很熟，我們都尊稱她為賴媽媽，但是她本姓鍾，跟我是本家。這個集團在馬來西亞做棕櫚生意，做得非常大。他們也很有愛心，常常做慈善，在馬來西亞沙巴這個地方建了一個「福群醫院」，一個五星級的慈善醫院。

　　在西元2008年醫院啟動典禮上，集團的董事兼總經理賴藹芳女士致辭中談到：為什麼要建這個醫院？她說了幾點。第一個是她的先父生前曾經許願要建一個醫院救人，現在是子養親志，實現她父親這個願望；同時也是用這樣一個行動來感恩母親多年的養育之恩。她們這個醫院從她父親和母親名字當中各取一個字，父親名字有一個「福」字，母親名字有個「群」字，把「福」和「群」合在一起叫「福群」醫院。意思也很好，造福人群，也紀念自己的父母，這是孝道。孝，仁之本也。在致辭中，她還講了「有捨才有得」，中國的文字「捨得」很有意思，你捨了才得，你佈施越多得到的就越多。「萬般帶不去，唯有業隨身」。現在有錢為什麼不好好做點好事？要真正做一個君子，做一個仁人，以財發身。

　　她致辭裡面有一段話特別感人，我把原文跟大家分享。她說：「人生永遠都是來也空空，去也空空。當我們去的那一刻，任誰也帶不走一分一毫！有錢而不捨得用，與窮人沒兩樣，花在自己身上是享福，福盡悲來！但是若能取之社會而又能回饋社會，彼此感恩，又能行善，讓這無常、寶貴的生命價值重如泰山而不枉此生，自己修福積德而又造福人群，一舉兩得，我們又何樂而不為？」

　　這使我們想起宋朝的范仲淹先生（范文正公），他可以說是當時宋朝舉國上下最受尊敬的人物。坐了這麼高的位子，也就是做總理了，但是他自己的生活非常的清苦，全心全意為人民服務。

　　范文正公曾經買了一個住宅，是蘇州南園這個地方。當時有一個風水先生看了這塊地，他說這個地方不得了，將來會出現很多人

才，你的家族會很興旺。范先生一聽這個話，立即就把住宅用地捐出來建了一個學校，為國家培養人才。既然出人才，為國家培養人才多好。有捨才有得，結果他自己四個兒子都做了高官，有兒子做到宰相，有做到公卿、侍郎，個個都是有德有才。而且范家陰德德蔭子孫，到了八百年以後，范家還是舉世敬仰，八百年不衰。

范公出將入相幾十年，所得的俸祿全都做佈施救濟之用，家裡非常節儉，只能穿布衣。他去世的時候連喪葬費都沒有，全給佈施掉了。

孟子裡面有一句話說：「為富不仁，為仁不富」。假如我們只想自己富，自己去爭利，這個人一定是不仁。為仁者，像范公不想自己富，而是先天下之憂而憂，後天下之樂而樂，雖然物質生活上不富，但是他的精神生活富有，不是常人所能及。

明朝有一位進士叫袁了凡，他給自己兒子寫了一篇家書叫《了凡四訓》，裡面就講到「捨財作福」。原話是：「達者內捨六根，外捨六塵，一切所有，無不捨者。苟非能然，先從財上佈施。」

達，通達，對於宇宙一切現象都通達明瞭叫達者，就是聖人。聖人怎麼樣？能夠內捨六根，這六根是指眼、耳、鼻、舌、身、意，整個身體這些器官都能捨；外捨六塵，這是外面的境界，不受外面境界的影響，這就是達者，一切所有無不能捨。這個境界當然凡人很難做到的。做不到怎麼辦？先佈施財物。身外物好捨，先從這裡開始捨，慢慢地捨到對內不執著身體了，對外不受外界影響了，這就是達者。這樣子捨財，「內以破吾之慳」，慳，是慳貪吝嗇；「外以濟人之急」，可以幫助別人。「始而勉強，終則泰然」。這可以把欲望、私利去除掉，因為這些東西讓我們不仁。把我們的吝嗇、執著放下，這是古人告訴我們的修養。從哪兒做？從修佈施開始做，能捨的人才是真正的仁人。

我自己也做了嘗試。學了這些聖賢的經典，貴在自己力行，教別人捨自己不捨怎麼可以？你捨了之後是不是真的就很苦惱？不

會。像我過去在大學裡面教書，三十二歲（西元2005年）的時候在澳洲昆士蘭大學得到終生教職。昆士蘭大學在澳洲也是不錯的大學，它MBA排名在西元2002年排全澳洲第一，全亞洲第一；北大是中國最好的大學，排第二十三。西元2005年給我這個「鐵飯碗」了，西元2006年因追隨恩師淨空老教授去學習和弘揚中國傳統文化，就把這個工作辭掉了。當時廈門大學也邀我做主任教授，四百萬的年薪，不用教課，每年寫兩篇論文，一年放三個月假，還給二百五十萬的研究經費，是個不錯的工作，這些統統都捨掉，專心地來學習聖賢文化。然後才體會到聖賢所說的妙用，這妙用是什麼？就是「捨得」二字。

我在澳洲原來有房子，捨掉了；有汽車，捨掉了；有薪水，有名位，捨掉了。得什麼？快像出家人的樣子了，得到的是自在。房子捨掉了是不是就沒有房子住了？命裡有時終需有，我到哪兒都有房子住，到哪兒講課人家接待都很好，不是住自己的房子那才自在，打掃衛生，付帳單挺麻煩的；把汽車捨掉了，到哪兒都有汽車坐，不用自己開車；把薪水捨掉了，現在發現自己用不上錢了。正像古人，置金錢於無用之地。

所以，這次來北京是受國際儒學聯合會的邀請，我在這個會上講一個專題，題目就叫作：「學而時習之，不亦說（悅）乎。」學聖賢之道關鍵用什麼？關鍵用「習」，習就是實踐，不僅是溫習而已，真正去做，真做，把你所學的道理用在你的生活裡。時習，是常常不斷地要這麼做，「學而時習」就能「不亦說（悅）乎」。這個「悅」不是外面的物質享受的悅，那種喜悅不是真悅。

這次出來有人送機，不用自己開車，有人開了一部寶馬來送我。他跟我講，現在雖然開著寶馬，還不如以前踩著單車有幸福感。我說為什麼？他說，壓力重！你想想你有了寶馬，你能住一房一廳小套房嗎？不行，你得住一個大房子，得配得起這輛寶馬。住在公寓，這個公寓是高級、豪華的，別墅也是豪華的。住個大房子

你也不能夠就一個人住，你得請保母、請傭人，這錢哪來？你得去賺，拚命地辛苦賺錢。

所以說，不如以前天天踩著單車在街上逛，那時還比較輕鬆、自在。因為喜悅不是從外來，從我們真正內心感受到聖賢之道的利益。捨了之後是不是什麼都沒有？不是，越捨越多。佛家裡面講的過去生中你捨財，這一生中你就得到財富；今生多捨財，你多做慈善，你的財富只會越來越多，不要害怕。

第一個講歸仁，仁就是愛人，你要多做為人民服務的事情。

第二個是歸「義」，仁義禮智信的「義」。

（二）歸義──義者自利利他

一位美國大學的華裔教授說，人與人之間，乃至父子、兄弟、朋友，其實都是利益交換的一種關係，我看了之後直冒冷汗。

這個問題不是他現在提出來的，早在兩千年前孟子見到梁惠王時就辨明了。梁惠王見到孟子就說，你老人家來我們國家，給我們國家帶來什麼利益？孟子告訴他說：「王何必曰利，亦有仁義而已矣。」為什麼開口就說利益？你講仁義，那是真正最大的利益。為什麼？因為人有了仁、有了義才能夠互利，只利他而不是只想利己，這就是仁。

「利」字本身是一個中性詞，並不是壞的，看你是利己還是利他，利他就是仁義，只利己不利他就是不仁不義。人人都能利他了，這個社會自然就能夠和諧了。

怎麼辦？要靠教育。清朝有一位為世人最佩服的官員──曾國藩先生，他當時是位高權重，做了清朝四省總督，在漢人裡面沒有超過他的，在滿清政府也做到極致了，在職二十年。可是在他死的時候，他家裡只剩二萬兩銀子和家鄉一個老屋，在省裡沒有建過一個房子，沒有買過一畝田地，做官做到這個樣子可謂是清官了。曾先生對他自己的僚屬宣誓：不取軍中的一文錢寄回家裡。數十年如

一日，與三國時代的諸葛公是同一風格。

他家裡開銀票行的，當時家裡能夠有一張銀票就是很富有的家族，幾萬兩銀子。對他們家來講，家裡有幾十張銀票是很正常的現象，也不屬於貪污受賄。可是他不用自己的特權，嚴令禁止自己家人從事銀票的購買，所以家裡始終沒有一張銀票。因此，這個家族能夠常盛而不衰。

《大學》裡面有一句話說得好：「與其有聚斂之臣，寧有盜臣。此謂國不以利為利，以義為利也。」當然，對家而言，也是如此。曾國藩家族不是聚斂財富，而是守著仁義道德。如果家裡有聚斂之臣，一個國家官員只想著搜刮財富、聚斂財富，這個危害比一個偷盜的官員還要更可怕，這會產生民怨。所以國不能以利為利，應該以義為利，真正的利益是講求仁義，社會和諧了，人人都幸福。要是大家都爭利，到最後不僅僅是危機，民怨產生起來就不得了了。

歷史上所謂改朝換代都是因為上下爭利。孟子說：「上下交征利，而國危矣。」爭利國家就危險，真正的君子有大道，這個大道是什麼？就是講仁、義、禮、智、信。既然有了大道了何必還要聚斂？這是一種境界，要我們去真正力行。

（三）歸禮——禮者謙遜自持

第三是講禮，歸禮。回歸到禮儀上來。剛才講到一個人如果奢侈，他就不講禮了。

《孝經》云：「在上不驕，高而不危；制節謹度，滿而不溢。高而不危，所以長守貴也；滿而不溢，所以長守富也。」

我曾經講過兩次《孝經》，一次時間較長，講了四十小時，一次時間較短，講了十二小時，在網上可以下載聽。孔老夫子的行為展現在《孝經》當中，他裡面所說的「道」都是治國平天下的大道理，所以我講孝經的題目叫「古代帝王和諧世界的法寶」。

「在上不驕」，是指當官的、富貴的人，在高位不驕慢，那麼處在高位也不危險。這是很顯然的，驕奢就會有腐化，就會有危險。高而不危才能夠常守貴，才能保護你的官位，像曾國藩先生做了二十多年高官，實在不容易。

我們很歡喜看到國家領導人真的做到這一點了。溫總理在一次對外講話裡面表現出誠敬謙和的態度，說：「感謝人民對我的信任，我是一個普通的人。」做到了「在上不驕」。

「制節謹度，滿而不溢」，你能夠節儉，能夠修身，能夠自己控制自己的私利和欲望，能夠謹慎，雖然富足，但是不會溢出來，就不會破家，不會有危機。「滿而不溢」才能夠常守富。溢是什麼？驕奢。

世界上第二大富翁巴菲特常常做慈善事業，自己生活也是非常節儉的。他慈善捐款總額已經達到三百七十億美元了。在一次電視專訪中，我們才了解到他的生活：他現在還是住在五十年前所買的一棟房子，三間房的house，沒有籬笆，沒有圍牆，更沒有保全。他自己親自開車，沒有司機。他雖然擁有全世界最大的私人噴射飛機公司，但是自己從來不搭私人噴射機。他從來不參加上流社會的社交活動，每天的休閒生活是吃點爆米花看看電視。從來不帶手機，桌上也沒有電腦，不發電子郵件，這是滿而不溢。你看這麼富有的一個人，生活都這麼節儉，所以我們能想到他能夠保持他的家業長久不是沒有道理的。而他最難得的是能夠多做佈施，他把80%～90%的財產都捐作慈善資金，用來做慈善事業。

友成基金會介紹裡的結束語也引用了他的一段話：

「人生在世能夠在自己能力所及的時候對社會有所貢獻，同時為無助的人尋求及建立較好的生活，我會感到很有意義，並視此為始終不渝的職志。」

有千金之產者必然是千金人物。真正富有的那個人，他肯定有一定的德行。這個德行其實是佈施，是做慈善的習慣，所以他這一

生富貴。

　　世界首富比爾‧蓋茲在好幾年前曾經和巴菲特見過一次面。第一次見面，本來蓋茲認為巴菲特先生是一種「另類」，沒有打算跟他見很長時間，安排了半個小時。結果兩個人一談，談了十個小時，蓋茲也成了他的信徒。蓋茲自己表示，只留給他的子女一千萬美金的資產和一座價值一億美元的房子，對他的財產來講，這是小意思，其他財產全部捐給慈善事業。所以，我們看到這些大富長者，還有我們講的真正的貴人，都有一種內在的德行，這就是不驕奢，而能夠多做慈善，多幫助別人，這是人生的意義之所在。

　　「八榮八恥」，社會主義榮辱觀裡面講到：以艱苦奮鬥為榮，以驕奢淫逸為恥。「一粥一飯，當思來處不易；半絲半縷，恆念物力為艱」。我們的生活所用的東西來得不容易。在每天吃飯的時候我都念一段感恩詞：感念父母養育之恩，感念師友教導之恩，感念農民辛勤工作，感念同學的互相幫助。常常有這種感恩的心，人才不至於驕奢。

　　剛才我們講到的地球污染，絕大部分的原因是過分地消費，甚至是浪費。在我們浪費的同時，世界上有十億人口在挨餓，所以我們應該節儉。我們能為地球做一些什麼？這裡提幾個建議給大家做參考。

　　歸禮生活的幾條建議：

　　1.吃素。要知道每生產一公斤肉類要排放出34.6公斤二氧化碳，相當於開車出門三個小時的排放量。如果你能夠吃素，就可以節約能源，可以降低能量的浪費，幫助減輕溫室效應。

　　2.做廢物的回收。把一些不用的紙張、一些垃圾進行分類處理，節省能源就是減少污染。

　　3.安裝太陽能熱水器，少用電，多用太陽能。

　　4.節約水資源，洗果菜、刷牙、洗臉的水，不要讓它流走。人現在對水的消耗量已經是驚人了，有一句話讓我們聽了之後心驚膽

顫，說：「地球上的最後一滴水是人類的眼淚。」

5.少開車、少使用摩托車，出門的時候應該多走路，騎自行車，利用大眾運輸系統，以減少能源的消費和氣體排放。

6.盡量走樓梯而不搭電梯；隨手關燈，關閉不必要的電器能源；買節能的電器，使用節能燈泡；少用冷氣，盡量地節省電能。

我自己是怎麼做的？用紙盡量地把空白處用掉再回收。當然我們不是要求每個人都這麼做，我也是跟別人學的，把很多的紙，用過的，其實包裝內部是空白，剪開之後做我們的便條紙。

7.在飯店裡面點菜要恰到好處，不要過量。

8.出門如果能自己帶筷子、水杯，不要用免洗筷，節約木材。

9.飯店裡，我們的毛巾、床單盡量重複使用。

這些只是一些小小的提示，幫助我們建立一個節儉的習慣，這是一種德行。

（四）歸智──智者把握根本

第四個歸智。智慧是什麼？懂得抓住根本。人如果是不懂得抓住根本而盲目地去追求利益，往往是利令智昏。賺到的錢也會因為沒有智慧而不知道怎麼用。所以，智慧是什麼？教我們能賺錢，也能花錢；該怎麼賺，該怎麼花。

這個根本是什麼？《大學》講：「君子先慎乎德。有德此有人，有人此有土，有土此有財，有財此有用。」一個君子首先講的不是財力，而是德行。為什麼？因為有了德行就有人來追隨他，幫助他。

「有人此有土」，過去是農耕社會，土地是最重要的資源，現在泛指一切的資源、資本，幫助你生產，幫助你發展。

「有土此有財」，財富就來了，你的投入就有了回報。

「有財此有用」，關鍵是會用。怎麼用？又反過來幫助你去行德，這就是所謂的以財發身，這是仁者。

那小人正好倒過來，他先追求財富，把德行毀了，德行毀了之後，財也不懂得怎麼用。這使得他自己在物欲追求當中既喪失了德行，也減損了福報，最後結果很可能會是身敗名裂。

佛門一位大德憨山大師，有《憨山大師勸世文》：

榮華終是三更夢，富貴還同九月霜。
老病生死誰替得，酸甜苦辣自承當。
人從巧計誇伶俐，天自從容定主張。
諂曲貪嗔墮地獄，公平正直即天堂。

所以，很多時候在我們不斷地向外爭利的時候，需要退一步海闊天空，回頭想想人生的意義是在哪兒？這是根本的智慧。

（五）歸信──民無信不立

第五是歸信。《弟子規》上講：「凡出言，信為先；詐與妄，奚可焉。」出言一定要講究信義，怎麼能夠欺詐和打妄語？

古諺語也講到：「君子愛財，取之有道。」我們這裡不是說大家不要賺錢了，還是應該有一些人要發展經濟。但是在發展經濟的時候，要取之有道，這個道就是道義，具體來講就是仁、義、禮、智、信。不要急功近利，「命裡有時終須有，命裡無時莫強求」。真正明瞭人生意義的時候，其實賺錢多少沒有什麼太大差別，反正你都是為社會來做貢獻，你賺錢不是為自己。就像剛才講的李嘉誠先生，賺錢真正是為了有用，用於社會，幫助人。有多有少跟自己是沒有關係的，多了就多做，少了就少做，自己沒有憾事。

這個「信」非常重要，金融的市場其實是建立在信用的保證上。為什麼？比如說銀行把款貸給你，是因為你有一點信用，所以銀行敢於把款貸給你。假如沒有信用就不能貸款，貸款本身是建立在信用基礎上。國家也是如此，一個社會也是建立在信用基礎上。

那位教授說，金融市場的發展是中國唯一出路，那在此之前首先得發展信德。

二千五百年前，孔老夫子跟他的弟子子貢有這樣一段對話，子貢問政。子曰：「足食，足兵，民信之矣。」他講治國三大要素：「足食」，老百姓要吃的，這叫足食；第二個「足兵」，就是發展國防、國家機器；然後「民信之矣」，人民老百姓對國家信任，當然人與人之間要講究信任。子貢曰：「必不得已而去，於斯三者何先？」這講到三條：食、兵、信三者，非要去掉一個，先去哪一個？曰：「去兵。」也就是說如果必須要去掉一個，先去掉國防，去掉國家機器。這個國家少了國防還行，但是少了經濟，少了信用不行。歷史上朝代的更替往往是因為人民沒有東西吃了，不信政府了。所以政府有國防，有國家機器也沒有用，還是被推翻。子貢曰：「必不得已而去，於斯二者何先？」剩下兩個一個是食，一個是信，這兩個要去掉哪一個？曰：「去食。自古皆有死，民無信不立。」也就是說老百姓即使是吃不上飯，也不能沒有信仰，國家也不能沒有信用。

所以「民無信不立」，信用之重要我們可想而知。到底經濟重要？還是仁義禮智信的道德重要？孔老夫子在這裡面已經講得非常清楚了，大家想想這個邏輯對不對。

我們再看李嘉誠先生，華人首富。這個人很講求生意上的誠信。為什麼？他母親對他從小養成教育，他聽話，聽話的孩子有福。他母親教誨他說：「經商如同做人，誠信當頭，則無危而不克了。」家庭教育好。

李嘉誠出身貧寒，沒有讀多少書，十四歲就出來賺錢，養家餬口了。他父親早逝，而他自己承擔起了家庭的經濟重擔，是一個孝子。努力的工作加上孝德的感召，所以做生意一帆風順，最後成為華人首富。

李嘉誠的座右銘：「不義而富且貴，於我如浮雲。」這是孔

老夫子的話。你看看真正的首富沒有把富貴作為第一，而把道義作為第一。不義的富貴就像浮雲一樣，是不是真的像浮雲？的確像浮雲。因此李嘉誠宣布把個人財產的三分之一投入專門的基金會，作為慈善之用。在過去二十多年來他捐出約77億元，其中64%用於內地的助教興學、醫療扶貧和文化體育事業。他在公開場合多次強調說：「金錢不是衡量財富的準則，更不能決定生命的價值。」這是一個過來人講的話。

李嘉誠是位孝子，他是潮汕人。他的母親「文革」之後回鄉看到潮州開元寺被破壞，很痛心。結果李嘉誠善養親志，看到母親痛心，立即解囊，慷慨樂助，恢復開元寺。在給住持的一封信中，他寫道：「本人此次提出對貴寺重建稍盡綿力，緣於家慈信佛多年，體念親心，思有以略盡人子養志之責。」

善養父母之志，這是孝道，這是根本。《大學》裡面講到：「德者，本也；財者，末也。」所以君子先慎乎德，先在自己道德上扎根。有了德就有了人，有了人就有土，你看李嘉誠最明顯：原來沒有財富，很窮，但他有孝德，有了孝德就有人跟隨。他能誠信，所以他的部下跟他幾十年沒有離開過。即使是公司在低潮的時候，也沒有人跳槽。為什麼？信是李嘉誠的德行。「有德此有人，有人此有土」，他是做房地產的，「土」就是房地產做得很好。「有土此有財，有財此有用」，用在什麼地方？還是回饋社會。所以德是根本，就像一棵樹，根能夠牢固，枝葉就能夠繁榮。

現在對中國文化沒有能夠深刻了解的人，即使大學的教授寫的書，也全在枝末上下功夫，也才會提出「發展金融是中國的唯一出路」。當然不是說不能發展金融，應該發展金融，但是那是枝末，比這更重要的是發展道德教育，這是根本出路，這是和諧社會、和諧世界的大根大本。

和諧世界的問題早在二千五百年前就有結論了，《孝經》云：「先王有至德要道，以順天下，民用和睦，上下無怨。」聖人具有

大智慧，他們有至高無上的道德，他們的方法是什麼？讓天下都和順，人民和睦，上下都沒有怨恨，沒有民怨，這不就是和諧社會嗎？怎麼做？就是靠孝道。「夫孝，德之本也，教之所由生也」。這是道德的根本。我們剛才說道德教育是唯一出路，從哪裡教起？從教孝道教起。

三、總結——國以人為本，人以德為本，德以孝為本

道德教育是當今社會的第一需要，總結幾句話：

◎國以人為本，當然企業也是一樣，非常正確。

◎人以德為本，「君子先慎乎德。德者，本也；財者，末也。」

◎德以孝為本，剛才已經講了，「夫孝，德之本也。」一直抓根本抓到底，從孝道教育開始。

八榮八恥就是根本。古代講八德，八德以孝為本。現在是八榮八恥，是現代版的八德。比如說第一條「以熱愛國家為榮，以危害國家為恥」，這是講忠；「以服務人民為榮，以背離人民為恥」，這是講仁。忠以孝為本，忠臣出於孝子之門，不講孝道哪有忠？你想一個人連父母都不愛，他能愛國家嗎？能親子民嗎？只有愛父母的人才能把這個愛心擴展到國家，擴展到人民。八榮八恥還是以孝為本。

我在裡面提到一個建議，我說國家最好能夠從中央到地方各級政府每年舉辦「十大孝子評選活動」。《孝經》上講：「教民親愛，莫善於孝。」和諧社會讓大家能夠相親相愛，從哪兒教起？從孝道。教孝道最重要的是要樹立一個榜樣：評選孝子。在評選過程中媒體進行大量宣傳，這就是最好的國民教育。這是第一條建議。

我在演講裡面提到三個夢想，過去馬丁·路德·金有一個夢想，我有三個。

第一個夢想，舉國上下評選孝子，「教民親愛，莫善於孝」。

第二個夢想，我希望國家能夠提倡祭祖。祭祖不是迷信活動，祭是紀念，祭祖是紀念自己的祖先不忘本。遙遠的祖先都不能忘記，現前父母怎麼能不孝順？這是中國人幾千年的歷史傳統，祭祀祖先，這是中華民族的優秀傳統。

每年清明、冬至都是祭祖的日子，最好作為國定假日，能夠提倡祭祖。到西元2008年，清明節真的作為國定假日了，好事情！我們非常地歡喜。這樣做民德就厚，民風純樸，社會就和諧了。

第三個夢想，提升道德是需要靠教育手段實現的。《三字經》講：「人之初，性本善。」人本來都是善，本性本善。仁、義、禮、智、信人人本來都具足。但是因為習性，差距拉大了。習性怎麼來的？社會污染的。社會媒體教什麼？西方一些影片充斥暴力、色情污染，你用這個來教人民，人民就變得沒有道德了，縱欲貪利，這時候國家就危險了。

為什麼不用道德教化人民？要能夠讓人從污染的習性回頭，回歸本性，這要靠什麼？要靠教育。「苟不教，性乃遷」。本性就被物欲蒙蔽了，就變得貪利縱欲，社會就會亂了。所以我希望，全國各地都能辦道德教育中心，推廣全民倫理道德教學。

當時我們的恩師淨空老教授在自己家鄉安徽盧江建立盧江中華文化教育中心，友成基金會很多同仁都去過。雖然只有三年的試驗，但是為我們證明了一點：靠道德教育真的能改善社會風氣，人是可以教得好的，當然也是可以教得壞的，看我們教什麼，怎麼教？

（一）個人成長——完全得力於母親的教育

我自己很慶幸有一個好母親。我母親很重視我的家庭教育，我在年少的時候，母親就幫助我立志，我想分享一下我十九歲時，家母給我的一張生日賀卡，談到對我的期望。母親賀卡中這樣說的：

茂森兒：

祝賀你十九歲青春的年華！這是你邁進大學的第一個生日。世界上有兩樣東西，只有失去時才知道它的價值，這就是：青春和健康。希望你做一個智者，身置盧山之中而知盧山之美。

你已經成年，今天和你談談我對你人生的總體策劃。

假如環境沒有意外，你的道路是：

大學畢業，獲學士學位；

研究生畢業，獲碩士學位；

攻讀博士，獲博士學位，爭取到當今世界發達的國家學習和工作；

成家要晚，立業在先；遵循古訓：修身、齊家、治國、平天下；

在修養方面：克服浮躁，一心不亂，增加自控能力，寧靜致遠，行中庸之道；

三十歲前，學習，累積，打基礎；

三十歲至五十五歲，成家立業，幹一番事業；

五十五歲後收心，總結人生，修持往生之道。

這樣，當你回顧往事的時候，可以欣慰地說：我活著的時候很充實，離去的時候很恬靜。

永遠愛你的母親

於西元1992年五月

回顧十七年走過的路，從西元1992年接到我母親這份祝願，正是她老人家對我的期望。這十七年來，我也可以比較欣慰地說，她的願望有不少實現了。比如說獲得博士學位，當了教授，論世間成就可以說母親的願望基本實現了。

當然更多的願望還沒有實現，比如說修身、齊家、治國、平天

下，這是聖人的事業。《大學》講修身為本，修身必定能夠齊家、治國、平天下。

西元1995年我去美國留學，因為母親希望我到外面讀書深造，而家裡經濟條件也很一般，帶的錢很少，靠著一點獎學金生活，自己吃得很節省，每次都搭同學便車去超市買菜，買的菜也很簡單。用的鍋是我一個學長的快鍋，已經用了好多年了，不快了，沒有鍋蓋上的快閥了。我就撿來用，做飯、煮菜、煮湯，一用就是四年。當時從家裡帶了一條毛毯，冬天不捨得買棉被，冷的時候也不捨得開暖氣，跟好幾個同學一起住，當時就把毛毯蓋上，不夠，把所有衣服壓上，還不夠，把書本都壓上了，就這樣過冬。

我把這個情況跟母親做了彙報，也表達了自己願意效仿范仲淹先生的意願。范仲淹是出去遊學，拜別母親，到破書院裡面讀書，每天只煮一次粥，待粥凝結後，他劃分成幾塊，上面撒點鹹菜末，每餐吃一塊，所謂「斷虀畫粥」。就這樣，范公五年衣不解帶地用功讀書，大通六經之旨，幾年後考取了功名。他的學問是以苦為師，以清苦的生活來歷練自己的志向成就。

母親接到我的信做了回覆，裡面有段話簡單跟大家分享一下，我講不捨得買棉被的事，母親說：

「寒冷能使人如此理智和堅強。感謝路易西安那州的冬天！感謝清苦、無欲的生活！它使人恢復性德之光。」

性德就是剛才講的「人之初，性本善」這個「性」。本善的德性是有光芒的，這個光現在不顯出來，是因為讓我們的利欲給覆蓋住了。把這些覆蓋本性光明的障礙去除掉了，我們人本來就是聖賢，本來就有仁義禮智信。

所以，我當時留學期間專心地讀書。別人在週末都去玩，去PARTY，我都不參加，每天是圖書館──教室──宿舍三點一

線，天天都是專注在學習上。當時給自己規定了七條戒律，叫「七不」：第一個是不看電影、電視；第二不逛商場；第三不留長頭髮；第四不穿奇裝異服；第五不亂花錢；第六不亂交朋友玩樂；第七不談戀愛。這「七不」保證了我學習進展很順利，次次考試都是全班第一名。本來讀碩士一般兩到三年，博士要四到五年，要七年才能完成，結果我四年就完成了學業。當時博士畢業，在大學裡面找工作，競爭還是挺強的。我的導師是一個美國比較著名的經濟學家，他給我寫了一封推薦函，其中說到：「茂森四年能完成七年學業，這在我們學校來講是首例。」他說能夠在四年當中不僅完成學業，而且能夠發表出八篇論文，成績就相當於一個資深教授的學術成果。他還說，茂森是他二十五年來學術生涯裡面見到的最好的學生。

他這麼一推薦，很快就讓我能夠得到兩個面試，後來選擇在德州大學教書，二十六歲就做了助理教授。

當時畢業的時候，我就邀請母親到美國參加我的博士畢業典禮。當時在美國教書，做研究，也算是挺順利的，美國政府也給了一個「傑出教授與研究人才」的綠卡，希望我留在美國。後來恩師淨空老教授在澳洲建了一個學院，老人家說讓我過去。我想追隨著恩師去學習，也是人生一大幸事，所以就放棄了美國去了澳洲。

在澳洲也很快得到了在昆士蘭大學教書的工作，獲得了終生教授，同時也是年年獲得大學優秀獎。大學也都挺照顧我，所以常常有時間跟著恩師在世界各地去推廣聖賢的教育，促進宗教的和諧，這也是和諧世界一個重要的措施。在我獲得終生教授以後，當時母親給我寫了一張賀卡，又給我提出了更高的要求。她說道：

「茂森兒，做母親的，希望你更上一層樓：希望兒子做君子，做聖賢。你能滿我的願嗎？」

當時我和母親經過了一番考慮，想想從師多年對聖賢道理也明白了，也知道現在社會的危機在哪兒。剛才我們講到是道德危機，要救世，要幫助社會，現在缺乏的實在不是金融教授，而是倫理道德教育的師資。這件幫助社會的事情，與其求人不如求己。所以我跟母親決定，就把自己工作辭掉，追隨恩師學習中華傳統文化（我們家裡就兩個人，我和我母親兩票通過這個決定）。

從西元2006年底到現在三年了，每天都在講中華傳統文化儒釋道三家聖賢教育，講不同的經典，講了將近一百個講題了，課時已經超過一千個小時，所錄製的講課內容都可以在網上看到。現在我沒有薪資，也沒有教授的名位了，剛才很多人給我名片，我覺得很不好意思，有點不知道自己是什麼身分了，現在只是一個學生，聖賢的學生，所以也拿不出名片給別人。

學習之後分享心得，「學而不厭，誨人不倦」，這當中也真正體會到聖賢之樂。孔老夫子講：「學而時習之，不亦說乎。」孔老夫子說顏回：「人不堪其憂，回也不改其樂。」別人在他的處境裡面覺得很憂慮了，但是顏回快樂得不得了，不改其樂。我自己現在也是隱居，自己對著攝影機講課，把影音掛在網上，有緣的人一起學習。雖然生活也很簡單，但是也是不改其樂。為什麼？人生有了目標。我想就用自己的人生來證明一點，人不是只為利益活著，還有比利益更好更高的東西。

所以，我母親對我說：

「能孝敬自己的父母，是小孝；能孝敬天下的父母，全心全意為人民服務，是大孝；能成就聖賢、普利眾生，使千秋萬代的人獲益無窮，是至孝。我支持兒子走上大孝，奔向至孝。」（熱烈的掌聲）

在快結束的時候，我想回頭談談我們的講題：

我們面對金融危機應該有什麼省思，如何尋找出路，如何應付危機？

（二）道德——看不見的手

在西元1776年經濟學人之父亞當‧斯密曾經出版過《國富論》，這是經濟學的根本理論基礎。這裡面提出市場是一隻「看不見的手」，所以要發展市場經濟、供需平衡來促進資源分配。

可是很多人可能不曉得亞當‧斯密還有一本書，他不僅是個經濟學家，也是一位倫理學家，他寫了一本《道德情操論》。他講到：如果市場沒有道德，這市場將會出現危機。所以除了市場這一隻看不見的手以外，還有一隻看不見的手，那就是道德。

所以，讓我們都舉起這隻「看不見的手」，假如說五個指頭代表仁、義、禮、智、信五常，我們知道，這五常是根本的道德，是人人本來就有、本具的本善，那麼它的根本是什麼？就是孝道。假如能抓住這個根本，把孝道教育推廣，進而把五常復興起來，經濟一定能夠穩定，一定能夠繁榮，而且不會有副作用，不會有危機。

兩隻手，一隻是市場，一隻是道德，兩隻手一起才能把經濟做好（物質文明和精神文明兩手抓）。

所以在金融危機當中，確實我們要好好去省思，出路還是回歸到中華老祖宗所提出來的五常中去，要靠道德教育。好，今天我們就分享到這裡，謝謝大家。

因為後學在金融學和中華傳統文化裡面其實還學得很淺，肯定有很多疏漏、不妥之處，請在座的高朋大德們多多地指教。餘下的時間，王理事長說希望我們有一個互動，大家有什麼觀點、問題可以提出來，若能給後學賜教，更是感激不盡，謝謝大家。

四、現場問答

（一）「制度」和運作「制度」的人，孰為根本？

◎提問：

您好，我是紅丹丹教育文化中心的，剛才聽了您的演講我感觸頗多，聽起來您對於「制度」並沒有興趣？請問您對於林肯發動反奴隸制戰爭有什麼看法？

◎鍾博士：

我也不是對制度沒有興趣，但是比制度更重要的就是道德，對這個我們更應該投入更多的興趣。

中國古人講的民如水，君如舟，一個國家的上層建築，官員和政府就好像船一樣，人民老百姓像水一樣，水能載舟，亦能覆舟。當這個政府不是真正為人民服務，光圖自己的利，舉國上下交征利，那國家就會危險了，百姓就會起來把政府給推翻了。美國林肯領導反奴隸制度的戰爭就是一個很好的說明。其實中國歷代的起義，推翻前一個王朝的戰爭都是說明這一點的。

一個制度好壞其實關鍵取決於運作制度的人。你說制度好和不好這是相對的，如果一個人，一個君是明君，他能夠用現有的制度為人民來造福，人民不會推翻他的。像中國歷代的聖王，堯、舜、禹、湯、文、武，他們的制度是農奴的制度，可是為什麼人民百姓這麼愛戴他們，乃至千百年後大家都尊敬他、讚歎他？最重要的是人。

假如說制度再好，像美國金融市場的制度全世界第一，但是它裡面還是孕育著危機。為什麼？人不行了，沒有德了，什麼制度都變成不好的制度了。就像法律，再健全的法律你都能從中找到漏洞；假如人人都有道德，那法律即使有不完善之處，這個社會也會安定和諧。這個我們可以深入去思考。

所謂「人能弘道，非道弘人」。這個道，可以解釋成制度。人能夠彰顯制度，不是制度彰顯人，也就是說制度的好壞在人，看你怎麼去運作？

人的好壞在道德。人有沒有道德？要靠教育。所以，中國《禮記・學記》這篇文章裡頭有一句話講得好：「建國君民，教學為

先。」一個國家建立政權，首先第一個要優先發展教育，以教育為核心。這種統治管理的理念在我們幾千年的歷史當中是被證明了的，真的管用。如果只發展經濟，而不要道德的教育，那是捨本逐末，「德者，本也；財者，末也。」光要財、光要經濟，不要德了，這是捨本逐末，好景不長。所以真正要和諧社會，我們國家提的「以德治國」，這是講到了根本。

（二）儒釋道三家學說的核心——孝

◎提問：

請問「悌」是什麼意思？請用簡單的語言解釋一下儒、釋、道的核心。

◎鍾博士：

好，謝謝。這個悌字，就是敬上、尊長的意思。對於自己的兄長要尊敬，那麼對於自己的長上，包括老師、長官要尊敬，當然也包括對自己的下屬，對於自己的弟弟、妹妹要愛護。這個悌也是從孝發展起來的。孝是德之本，像一棵樹，根是孝，莖、葉、花、果是後面的德行，如果沒有了孝德，後面都沒有。所以，以孝為本。

那儒釋道的核心是什麼？我用最簡單的語言，可以用一個字來詮釋，就是「孝」。

儒家「祖述堯舜，憲章文武」。其內容是什麼？「祖述堯舜」，祖先一直追溯到堯舜時代，他們的德行，孔老夫子把它匯總、表達出來了。「憲章文武」，憲章就是講制度，是用文王、武王、周公這些聖人時代的制度。《周禮》其實就是一部最好的憲法，只是很可惜周朝末世的子孫沒有把這個憲法承傳下來、落實下去，所以周朝亡國了。假如周朝子子孫孫都能把這個《周禮》落實，沒有改變祖先的道統，那麼到現在還是周朝。

孔老夫子所總結的儒家就是「祖述堯舜，憲章文武」。那堯舜之道是什麼？孟子說過，「堯舜之道，孝悌而已矣」。就講一個孝

字，悌是孝的延伸。

那道家講什麼？佛教講什麼？還是孝。道是宇宙的本體。宇宙本體是什麼？我們從「孝」字去看，中國古代的漢字特別有智慧，上面一個老字，下面一個子字，說明老一代和子一代合二為一就是孝。假如分開了，就是把老一代和子一代分開了，這個孝字就沒有了，不孝了。中國古人沒有講過代溝，現代人講代溝。這個一體，不僅是父母跟我是一體，父母上面還有父母，一直追溯到上面，我們都是炎黃子孫，都是炎帝、黃帝的子孫，還是一體。再追溯上去，那就沒有了歷史紀錄，因為黃帝之前沒有文字了，可是我們相信畢竟有祖先，追溯到過去是過去無始，跟我還是一體的。我是父母的兒女，我們底下又有兒女，兒女後面又有兒女，一直推延下去，未來無終。這是從時間上講的，無始無終是一體。

從空間上講，宇宙十方是一體。過去未來一體了，真正能夠融入十方世界，進入這個境界，這就是入道了，這是道家。這個道能夠生養萬物，宇宙萬物都是他出生的，這個是一體的道，就是宇宙的本體，用孝字可以做代表。

佛家講佛性，學佛最高的目標是恢復我們本有的佛性，就是所謂的明心見性。見什麼性？見自己的性。這個性人人本有，是宇宙的本體。把這個性恢復了，你就成佛了。那恢復自性是什麼樣子的？你就真正明瞭宇宙萬物「唯心所現、唯識所變」，這是《華嚴經》上經常講的。這個心、這個識就是講到了本體。佛家用心來做代表，道家用道來做代表，語言雖不同，實際上都是一個意思。所以恢復了宇宙萬有一體的真心、本性、原道，那麼你就完成了儒釋道整個的教育。所以這個孝還是核心。無上的佛道是在戒律的基礎上證得，而孝道就是戒律。佛說淨業三福，就是三世諸佛都要修的正因，最原始的因，這才有成佛的果。這個因，第一個就是講「孝養父母」，這是大根大本，這是我們中華文化的核心，本中之本。

剛才講了國以人為本，人以德為本，德以孝為本，這個意思極

深、極廣。能夠體會到這意思，我們才能夠真正了解為什麼孝是和諧社會的至德要道。

（三）現代人如何盡孝？

◎提問：

您好！聽您一席話，勝讀十年書。我是首都師範大學的在讀研究生，同時也是香港商界環保協會北京代表處的實習生。我自認為自己也是一個孝子。現在社會上有一個流行詞是八年級生，我算是其中的一員，我有一個困擾想請教您。來自某個省小城鎮的我們，父母一般都不是在國營企業，也沒有什麼醫療保險。中國有一句古話叫「子欲養而親不待」，所以我一直覺得孝順是有一個時間效應的事，等你三十五歲之後，或者是五十五歲了，你功成名就了，有能力去孝敬父母了，但是往往父母已經不在了。所以，我們八年級生生存壓力大，這是其中的一點，就是在你還沒有能力的時候，你的父母可能已經不在了，想孝敬父母的話有一個時間的緊迫感。所以年輕的時候和他人競爭，追名逐利，或者是想做一番事業，在這個過程中會做一些利己而不是利他的事情，因為我們都知道現在這個社會競爭是很殘酷的。像我們八年級生，在以後的成長中怎麼樣處理利己與利他的關係？追名逐利和修身應該怎麼平衡？謝謝您。

◎鍾博士：

謝謝，這個問題提得很有代表性。要知道孝是沒有時間性的，不僅是小的時候要孝，大的時候要孝，父母在的時候要孝，父母不在的時候還是要孝。《二十四孝》裡面就有小孩子的孝，六歲的小陸績，三國時代的人，他和父親去做客，主人招待的橘子很甜，他就想拿兩個給他母親帶上（《二十四孝》之懷橘遺親）。中年的孝更多了。晚年的孝，你看老萊子，七十多歲了，他的父母九十多歲，結果每天他就扮作小孩給他父母表演節目，唱歌跳舞，讓他父母很高興。看到兒子還這麼小，忘記了自己的老，這是養父母之心

（《二十四孝》之戲彩娛親）。父母在的時候孝親者，有。父母不在的時候也有，像王裒聞雷泣墓就是這樣。王裒的母親生前最怕打雷，結果王裒的母親死了以後，每次打雷，王裒都帶著雨具衝到他母親的墳地上，用雨具罩著母親的墓碑，對著墳墓說：「娘你不要害怕，兒子在。」

所以想想，孝哪有時間性？也不在於你的窮和富。富貴的人固然應該孝，窮人更應該孝。窮苦的人裡面，孝順的很多，《二十四孝》裡面就不少。董永賣身葬父，沒有葬父親的錢，把自己都賣掉了，這就是窮人。黃庭堅能夠滌親溺器，他的母親很愛乾淨，黃庭堅在朝廷是做大官的，很有名望的，大文學家，有名有利，家裡很多傭人，可是他下朝回來第一件事情就幫母親洗尿罐。為什麼？擔心家裡的傭人洗不乾淨。他母親很愛乾淨，一點不乾淨就很煩惱，所以黃庭堅親自來洗。富人、貴人也能孝，窮人也能孝，所以孝在你的心。

真正有孝心的人不管是什麼樣的生活和境遇都能行孝。怎麼會說我非得用競爭打倒別人，才能夠孝父母？他全部都想錯了。愛親要有德，《弟子規》講了「德有傷，貽親羞」。道德有了虧欠了，父母蒙羞，哪怕你山珍海味供養父母，洋樓、名車供養父母，還是不孝。在幾年前我看過一個報紙《廣州日報》，那是母親節前，記者去採訪一些家裡很有錢的富商，問他們母親節快到了，你怎麼樣孝敬父母？很多人講我得多賺錢買名車、買洋樓供養媽媽，讓她開心，晚年無憂。然後又問這些人的母親，你希望你的兒女怎麼孝順你？結果沒有一個母親說我想我兒女給我名車、洋樓的，倒是不少母親說，我就希望我的兒子、女兒別太忙了，母親節中午能夠陪我吃頓飯。

你對母親的心能不能了解？假如對母親真正的需求都一無所知，你用什麼東西供養母親都不能讓母親歡喜。孔老夫子早在二千五百年前就說了，《論語》裡面有子游問孝。子游是孔老夫子

的弟子，問什麼是孝？「子曰：今之孝者，是謂能養。至於犬馬，皆能有養，不敬，何以別乎？」這句話是說，現在人以為孝道是能養父母，給父母錢，養活父母就是孝了。孔老夫子說得不客氣，「至於犬馬皆能有養」，你養了小狗也是養。那養狗、養馬跟養父母有什麼區別？如果光是從物質生活上滿足父母的需求，何以別乎？沒有什麼區別了。你不尊敬父母，沒有由衷地對父母升起孝敬心，那哪能叫做孝？

我們可以細細地去思考，怎麼樣對父母盡孝？並不是說我們要很有錢了才能盡孝，我們要有很多時間了才能盡孝，不是的。有這種觀念反而是阻礙自己盡孝。孝就在當下。抓住當下機會，你去盡孝，才不至於有「子欲養，而親不待」的遺憾。謝謝。

（四）當志向和父母意願抵觸時如何盡孝？

◎提問：

我覺得您非常有福，因為您有一位很好的母親，有一個很好的家庭，所以，對您來說盡孝也是一件非常愉快的事情。假如您生長在另外一個家庭，你想為人民服務的時候，您的父母不允許，您想潔身自好的時候，他們希望抱好多孫子，如果是這樣一個家庭，就您個人來說您會怎麼盡孝？

◎鍾博士：

謝謝。剛才講到的孝是中華傳統聖賢文化的核心，其實聖賢的教育就是孝道的不斷提升和落實，到最後圓滿而已。那麼圓滿的孝就是回歸到宇宙的一體當中，那麼有了一體就不會有分別，所謂不二，父母跟我是不二的。現在我應該怎麼對待父母？就好像一個身體，比如說手生病了，或是哪個地方長瘤了，生癌了，你對他怎麼辦？你說這個真壞！手痛就砍掉，西醫總是講有瘤就割掉，中醫不同，中醫講什麼？化解。所以中醫為什麼不太提倡手術，為什麼？他明瞭，人體其實是什麼？是一體的，一個整體。可能西醫不能理

解，為什麼人的眼睛有毛病是肝的問題，肝開竅於目，所以清肝就能明目，他不能理解。一個人的耳朵聽不見了，是他的腎的問題，他不能理解，但是中醫能夠理解，人體是一個統一有機的整體。一個地方壞了，是全身都有問題，那怎麼辦？提升自己，不是盲目切除，眼睛壞了割掉眼睛，耳朵壞了就割掉耳朵，這是不行的。所以，懂得這個道理，我們就知道怎麼行孝。

父母現在沒有覺悟的時候，我要幫助父母慢慢地覺悟。我剛剛學習傳統文化的時候，我的父親很反對的，他不理解，他是共產黨員。當然，真正的馬克思主義其實跟中國古代聖賢講的是很一致的。你看孔老夫子講的大同世界，馬克思講的解放全人類，這不是異曲同工嗎？但是很多時候由於我們自己的狹隘性，執著自己的見解而排斥別人，不知道所排斥的正是和自己一樣的見解。他一開始反對，他越是反對越是說明什麼？自己沒有修好，自己德之未修，感之未至。沒有得到這個感應，感而未通，自己德不夠。所以我們要更加孝順，最後他看到這個孩子學了傳統文化更孝順了，變得越來越好了，讀書也不用操心，對他又真心孝順，這不是造假的。因為人的心是能夠感動的，你故意造作出來他能夠感知，我們用真心就能感化父母。《二十四孝》之首的舜，你看他的父母對他這樣虐待，幾次三番要把舜置之於死地，但是舜憑著他的至孝，最後把他的父母感化過來了。這種德之厚，就連孔老夫子都說他，「德為聖人，尊為天子」，舜的德可以稱聖人。

有了德就有福，孝順的孩子最有福。這個福是什麼？你事事順利，你有意外的福分。所以舜他自己做夢都沒有想到堯會把天子的位置讓給他，尊為天子，富有四海。而且舜的子孫千百代都在祭祀他，懷念他，這是大德之感召。沒有感化不了的人，人心是肉團做的，即使是石頭，君不聞「精誠所至，金石為開」嗎？金石都能感化，更何況肉長的人心！只一味做下去，沒有感化不了的父母。謝謝。

（五）當善心和現實環境牴觸時如何行善？

◎提問：

您好，首先我非常感謝友成基金會給我這麼一個機會來聆聽老師的演講。五、六年以前，一個偶然的機會我接觸到了釋淨空教授的光碟，這幾年也一直在不斷地聽，而且還非常有幸地兩次見到了淨老，而且也聽了您講的生死輪迴，都受益匪淺。

我是一個醫務工作者，職責要求我們要無私地對待病人，尤其是在當今的醫患關係非常緊張的大環境之下。我想請教您的就是：這幾年我們按照《弟子規》，按照傳統文化的要求去做，但是有時候真的讓我們很無奈。是什麼？就是我們的體制，我們的機制，包括我們職工的習性或者是他們的工作態度，包括現實的誘惑力，跟我們發生撞擊的機會特別多，經常讓我們感到苦悶。

有的時候我遇到這種情況，我也去想，退一步海闊天空，因緣和合才能做。但是畢竟我們是俗人，我們又是醫生，有時候我們看著一件事可能我們做了對病人就會好，但是現實讓我們做不了，這是我們最痛苦的。所以我想請教一下鍾老師，教我一個辦法，怎樣用一種智慧的方法去減少自己的痛苦，去增加病人的福祉？有的時候我實在是沒有招了，所以向您請教。

◎鍾博士：

謝謝。幫助病人，乃至廣義上來講幫助人民、幫助眾生，關鍵是在我們的愛心。愛心真誠，其實是沒有障礙的。所謂障礙，不是外面的境界有障礙，是自己的心產生了障礙。儒家講，修身、齊家、治國、平天下，以修身為本。為什麼？就像一棵樹，身是根本，家、國、天下像枝末，身修好了，家、國、天下跟著就好了。其實修身是講什麼？就是「格物致知、正心誠意」。心怎麼正？無私就正了，這個心是愛心，是我們本性中本有的那種真心。你把這個心正過來了，回歸到真心上了，身也就修好了。所以還是一個心

的問題。

心修好了，一切都好了，所以能治國平天下。經濟也好了，政治也好了，制度也好了，大環境也好了，都需要從治心做起。這個道理是極深的，這是真理。我們現在能明瞭多少，關鍵是要看能做到多少？我們的愛心要在這個環境、要在這個世上去練，練不退、練不煩惱，練忠誠，《中庸》通篇就講一個誠字。這個誠怎麼練？還是要從思想上練。

比如剛才我講的真正要為社會做事，得捨棄自己的名和利，捨棄自己的自私自利，捨棄自己對享受的追求，為什麼心不能全？因為還夾雜著「我」在，有了「我」就是私，私就沒有公，大公無私的時候我們才能把真誠心獻出來，這個時候你發現沒有障礙。像你剛才講的，條件足了就做，條件不足我沒有什麼遺憾，哪會有煩惱？古人講的，「只問耕耘，不問收穫；但行好事，莫問前程」。你只是一味做下去，幫助人民，服務人民。這個得失的心放下了，永遠是快樂的，那就是「不亦說乎」。謝謝。

（六）到底什麼叫「無後為大」？

◎提問：

感謝您給我一次學習的機會。我覺得您很高明，在我的研究中，一直認為儒釋道的精髓是「和」，你把「孝」作為和的根本，所以要高於我。

我們應該是同一代人，屬於七年級生；我們也面臨很多問題，例如「不孝有三，無後為大」。我到現在還沒有結婚。我對我的父母也盡我所能提供了很好的物質生活以及很豐富的業餘生活，但是我依然還認為愧疚於他們，因為我沒有娶妻生子。聽說您也沒有結婚，是嗎？我覺得我們共同面臨著同樣一個問題：我們沒有成家，自己的父母看著別人抱著孩子的時候，他們心裡會怎麼想？我知道您的母親是一位非常偉大的母親，從她寫的信裡面可以看出來。您

怎麼樣看待婚姻這個問題？我們沒有結婚，沒有後代，怎麼向父母交代？

◎鍾博士：

這個問題其實我常常遇到。先提一下，剛才您講的儒、釋、道三家的核心是和，是對的，講孝也是對的，孝和和並不是矛盾，並不是兩個，是一個。孝是體，和是用，就像剛才講的先王的至德要道，能夠和諧世界，靠什麼？靠孝。孝是本體，是方法，和就是結果。所以，這不是矛盾的。能夠孝，那就能和。

回頭講到關於成家與否的問題，沒錯，孟子講了「不孝有三，無後為大」，但是我們對這個「後」要有一個正確的理解。我們都是炎黃子孫，我們是炎黃的後代，我們現在夠不夠資格稱為炎黃的後代？炎黃的精神是什麼？堯舜禹湯的家道是什麼？假如不能繼承家道，怎麼能叫「後」？不是說能生子女就是「後」，那人跟畜牲有什麼區別？光能生育絕不是孟子所說的「後」的意思。真正的「後」，比如說這個家族有後代，能夠傳承這個家的家道、家風、家學，這個家的家業，這就是「後」。如果什麼都不能繼承，是糊塗人一個，那就不是真正的「後」，那就是不孝了。

所以，現在我們看到我們這麼多的兄弟姐妹，其實大家都是兄弟姐妹，我們的器度要擴大。不是我自己的父母才是一家，中華民族就不是一個家，炎黃子孫就不是一家人了，那就是小器度。要有大器度，如何幫助我們炎黃之家、中華民族能夠代代相傳，使我們中華的道統綿延千秋萬代而不滅，這是真正孝子所思考的問題。所以，為什麼我現在沒有時間、沒有精力考慮個人成家的問題，因為要做的事情太多了，太重要了。如果不把自己的小身、小家放下，怎麼能成就一個大家？就好像一個父母有九個兄弟，可能最小的這個弟弟說「兄長們，你們去成家，你們去工作，你們生的兒女我來照顧，我來教導他們，使得我們這個家族有後代，能傳承家道家風。我就沒有時間成家了，你們成家，也就是我們父母的後代

了」。這個小弟弟做出了犧牲，成就的是一個大家。現在我們缺的是這種人。這種人與其求別人，不如求自己。這就是什麼叫無後為大。推廣聖賢教育，這叫大孝。沒有把中國老祖宗聖賢教育承傳下來，不能繼往開來，這是不孝，而且是大不孝。所以，我們現在中華文明能夠傳承五千年而立於不敗之地，四大文明古國其他三個文明都已經消失了，或者是衰落了，為什麼只有中華文明能夠歷久彌新？這裡面的道統，一定要繼承，否則若把這個道統斷了，中華民族才真正到了「最危險的時候」。我們每天唱國歌，自己要警醒自己。現在我們很多出外留學的「海外歸國」回來了，可能對於中華道統了解不深，學了西方的這些理念批駁我們老祖宗的這些東西，很可悲！那就需要我們聯起手來，用我們的血肉鑄成長城，捍衛中華民族的道統。（熱烈的掌聲）

（七）如何在學校裡推動普及道德教育？

◎提問：

您好，您剛才一直在提一個道統教育，現在目前除了您之外，還有很多國學大師都在做講座推動道德教育。我認為這是其中一個方法，如果要真正地推動道德教育的話，必須在學校裡面普及，但是目前來說學校制度都在追求高分，所以很難從這方面推動道德方面的教育。我想請教，在這種情況之下，我們怎樣才能夠在學校裡面推動普及道德教育？

◎鍾博士：

謝謝。您提出的這個問題確實也是我們每天在祈求、在祈禱實現的一個願望。學校教育可以說是教育裡面的一個主流，也是主要的一個方式。

確實，學校裡面都教科技，教很多知識，教西方的東西，而丟掉了我們中華老祖宗的東西。這些精華的東西經過了四、五千年歷史的考證，證明是正確的，才能留下來。一個兩、三百年的國家，

他們有他們寶貴的東西，但他們的東西是不是最寶貴的，還需要更多歷史的印證。我們中華文明是經過了四、五千年的歷史驗證，絕對是精華，要不然早就廢掉了。這些東西應該在學校教育裡面增加、擴大。

外國的東西要不要學？應該學。學外面的科技、技術。孔老夫子講到的教育分四科：德行、言語、政事和文學。首先是德行；第二是言語，你怎麼講話，怎麼待人、處事、接物，這兩個是做人的根本；第三才講到政事，政事包括科學技術；第四，是文學以及個人的修養、陶冶情操方面的事情了。

現在我們是把後面兩個當做主要，前面的都不要了，不懂做人，不講德行，人成了科技的工具。曾經有一個校長告訴我，他說一個學生無德而有才，是社會的危險品。我們想想是不是？美國安然公司的那些CEO們，他們沒有學識嗎？恐怕都是名牌大學的MBA，金融行家，論科技、論技術都是一流的。最後他們自己的下場如何？給社會帶來什麼樣的效應？這是危險品！不是說這些不好，應該有一個主次區分，主要的是德行、是言語，怎麼做人？清末張之洞曾經講過，說「中學為體，西學為用」，這個話講得好。體是自己本來的這些東西，不能夠改變，這標誌著你是一個中國人，這是你的靈魂。「西學為用」，你可以用他們的東西，用科技來幫助你，幫助你什麼？彰顯你的德。比如說發展經濟、發展科技，更好地為人民造福，而不是製造危機。所以，道德教育在學校很重要。

（八）有德者必有其後

◎嘉賓：

我本來不想耽誤大家時間的，但我現在特別感動，您剛才講到了「不孝有三，無後為大」。我知道您現在在澳洲推動中華傳統文化教育，我的兒子在那兒，我們每次到昆士蘭大學，或者去參加座

談會的時候，都能感覺到您對大學裡的「八十後」的影響，您絕對有「後」。

◎鍾博士：謝謝。

◎嘉賓：

您已經拿到博士了，也拿到大學終生教授了，您的力量、您在大學裡做榜樣的力量確實是影響到了很多年輕人。八年級生當中，跟隨鍾教授來參加道德教育的大有人在，而且都在利用自己的休假日時間在做。

有的時候我也很迷茫，經常看到上面說一回事，下面做的是一回事，我說這個社會怎麼會變成這個樣子？但是我們還是要看到光明和前途。你看我們友成基金會的王理事長，我有時候想，榜樣的力量是無窮的。王理事長她的所作所為也正在深深地感動著我們，起碼感動著我和我周圍的朋友。我們很多人都是在她的一舉一動、一言一行感動下，逐漸地走向發揚我們的傳統文化，推動道德教育的路，一點一滴在做，盡力、隨緣，能做多少是多少。

◎鍾博士：

謝謝。我是特別地感恩友成基金會和香港隆慈基金會。友成基金會在做「精神扶貧」的工作，這讓我非常讚歎。為什麼？因為扶貧不僅包括物質上的扶貧，更重要的是精神上的扶貧。精神上貧乏的人不一定是窮人，很可能是大富之人，但他們也會精神貧乏。為什麼？假如沒有回歸我們中華民族的道統，自己沒有了中華民族的靈魂，這就很貧乏了。所以，這個精神扶貧工作現在確實是當務之急，能夠真正提倡的和諧社會，和諧世界。我想「德不孤，必有鄰」。一個人真正有好的志向，必定有很多志同道合之人。我想在座的每一位都是有這個心願，能夠幫助我們的民族回歸道統，實現和諧社會，能夠光大老祖宗的家業的。時間也到了，我想再次表達對王理事長的邀請的感恩，對大家這次一起來耐心地參與我們的學習分享，讓大家坐了將近四個小時，很難得大家這樣用心地聽，對

我自己本人也是一個很大的鼓勵。我將繼續努力，跟大家一起努力，使中華文化再次顯發光明。謝謝大家！

◎主持人（友成基金會秘書長甘東宇）：

今天非常感動，我們也非常榮幸、非常感謝鍾博士給我們帶來這麼精彩的講座。

鍾博士從一個文化的傳播者，從中國文化的視角去解答我們如今的經濟和金融方面所遇到的問題，同時作為一個金融學家或者是金融學的專家，從金融的角度去印證我們古代聖賢早已闡述過的哲理，真是耳目一新，讓我們大開眼界。

但是我覺得更令我們感動的是，鍾博士從點滴做起，從自身做起，親力親為。在開始之前我聽到一個小故事，今天鍾博士沒有講。他有一次去黃帝陵祭祖的時候，看到了地上有很多的菸頭，我聽說鍾博士是一個一個地把它揀起來，然後扔到垃圾箱裡，我就非常地感動。我覺得正是他這種從點滴做起的精神，用自己的行為去影響別人的精神，這是我們最應該向鍾博士學習的。我也希望大家再次用最熱烈的掌聲感謝鍾博士！（熱烈的掌聲）

我也特別感動於鍾博士有這樣好的一位母親。鍾博士能從對母親的孝走向對全體人民的孝——大孝，然後走向至孝，我覺得我們的鍾媽媽是功不可沒的。所以，我也希望我們大家以最熱烈的掌聲來獻給鍾媽媽！（熱烈的掌聲）

最後，我也希望我們友成人和各位朋友能夠繼承弘揚剛才鍾博士講到的孝心——我們中華文化裡面最精髓的東西。友成希望將來能夠有機會再次請到博士，能夠在更大的場合，給更多的人做講座。

壹　金融危機的省思和出路——大變局下找尋中國精神

人字邊有一個二，有兩個人，自己和他人，想到自己和他人就叫「仁」了，所以仁必須是公心而不是私心，想到私心就不可能是仁了。

道義拯救商業危機
——中華商業倫理世紀重建之路

（首屆商亦載道精神啟示論壇上的演講）

時間：西元2009年十月十七日

地點：上海

尊敬的主辦方，尊敬的各位大德、各位嘉賓、各位朋友們：

大家下午好！今天我非常榮幸能夠登上這樣的高級論壇，向各位報告一下我自己學習金融以及中華傳統文化兩方面的心得，剛才主持人介紹說我是導師，實在是不敢當。我每一次上台來跟大家做彙報，自己都作為一個學生的身分，其實台下的人才是真正的老師。學生向老師們彙報自己的學習心得，請大家指教。

這次論壇給我的題目叫作《道義拯救商業危機：中華商業倫理世紀重建之路》，主要是針對近來世界性的金融危機。我們都知道自西元2007年以來，由美國金融市場產生出來的金融危機，現在已經波及到了全世界，我們還沒有真正完全地從危機當中走出來。眾所周知，這次金融危機是西元1929年美國大蕭條以來最嚴重的一次金融危機，它的起因是美國的次貸危機，就是次級貸款危機。所謂次級貸款，就是一些商業銀行把貸款發放給一些信用程度比較低的貸款人，主要是在房地產領域，所以當這些次級貸款者沒有辦法支付本息的時候就會產生連鎖反應。他們原來買的房屋是做貸款的抵押，因此被變賣，嚴重影響了房地產，產生價格泡沫的破裂，乃至

產生了對經濟實體的影響，變成了全球性的危機。

所以，我們在探討商業危機是如何造成的時候？如果你看經濟學的雜誌或者是很多經濟的評論，他們的說法大概都是這種表面的現象。本次金融危機也好，或者從廣義上來講，整個商業企業界的危機到底是如何產生的呢？如果你問經濟學家或者是一個政府的官員，他們可能會給你一系列的原因，比如說可能是因為缺乏運轉的資金，因為一個企業的資金就像血液一樣，沒有了資金的運轉企業也就不行了。金融危機是不是也是因為缺乏資金而產生的呢？實際上很多金融機構的破產並不是因為資金，因為這些機構很善於用各種工具來融資，比如說商業銀行和金融機構，他們把貸款貸放給這些買房屋的人，他們會怎麼去融資呢？其實很簡單，他們把這些貸款又重新證券化了，把它組裝成證券，然後把它賣出去。他們賣證券的時候就會吸納大筆的資金，這筆資金又可以作為貸款發放出去，他們從中就會得到利息的差價作為利潤。我們看到這種做法是可以不斷地進行的，證券化了之後賣出債券又可以發放貸款，然後又進行證券化，又發放出去，又可以貸款。所以資金的貸款並不是問題，為什麼會產生金融危機呢？難道說缺乏專業的人才嗎？當然不是，金融機構所雇傭的人都是非常有專業知識、很有經驗、很懂得金融操作的人，很多都是名校的MBA。是不是缺乏現代化的設備呢？當然也不是。是不是缺乏健全的法規呢？我們知道美國商業法、企業的法規可以說是全世界都在效仿，是非常健全的。是不是缺乏風險管理機制呢？美國法制最發達，在管理方面有各種延伸工具，期貨、期權等等工具的做法可以說是達到了世界頂尖的水準。是不是缺乏良好的經濟體制呢？其實美國的市場經濟體制正在被各國模仿，所以說這些原因都不是金融危機、金融海嘯產生的根源，什麼是金融危機的根源呢？其實來這次論壇的各位朋友心中都有了答案。在今年二月二日，溫總理在英國劍橋大學演講過程當中就一針見血指出，他說道德缺失是導致這次金融危機的深層次危機，一

些人見利忘義，損壞公眾利益，喪失了道德底線。所以，其實商業本身不是什麼危機，危機的是人，人有了道德的危機，才會衍生出所謂的商業金融危機。

用簡單的兩個字來說就是：缺德。既然缺德，就得找出路，出路就是要補德。怎麼補呢？德行是一個人思想的問題，所以就要靠教育。中國兩、三千年前的老祖宗就已經指出來了，就是《禮記・學記》裡面說到的「建國軍民，教學為先」。一個國家當建立政權的時候就要開展教學了，教什麼呢？教倫理、教道德，因為倫理道德的教育才能使人心安定，才能夠真正創造和諧的社會，危機也是要從這裡走出。教育教什麼呢？我們看西元1970年，英國一位著名的歷史哲學家湯恩比博士，他在接受日本池田大作訪談的時候曾經說過：「解決21世紀的社會問題，需靠中國的孔孟之道和大乘佛法！」這是從一個英國人口裡面說出來的話。有人說中國這些傳統文化已經過時了，是落後於時代的東西，我們真的要覺得慚愧，因為我們還不了解自己的傳統文化，而一個英國人竟然從嘴裡面說出這樣令中國人感到自豪的話，所以我們作為一個中國人，作為炎黃子孫，應該為我們老祖宗所留下來的文化道德而驕傲。那麼中華倫理道德，中華傳統文化總結起來的內涵，就是五常：仁義禮智信。

昨天，方太集團的總經理給我們簡單地詮釋了仁義禮智信，這也是他們在企業當中落實的文化，我覺得他總結得非常好，簡明扼要，實際上我今天的演講還是圍繞這五常講。因為這個「常」是長久、永恆的意思，也就是說它是亙古不變的真理，古代的人和現在的人都適用，將來還是適用，中國人適用外國人也適用，哪怕有一天我們遷居到火星上也會適用。為什麼是五常呢？這是長久真理，這種德行不是人為製作出來的，不是老祖宗把它發明出來的，是我們每一個人本來的德行，因為人的天性是不變的。所以，從天性所流出來的道德也是亙古不變的。昨天趙曉教授也談到了道的問題，什麼是道？道家講的道法自然，這個自然不是人為創造出來的，它

就是所謂的天然，是本來如此，自從宇宙生起的時候這個道就存在了，所以道是永恆的。當然，「道可道，非常道」，道是一個本體的狀態，很抽象的，我們說出來必須把它形象化。所以基督教裡面用神、用上帝來表示，說耶穌就是道，那是形象化了。當然，能說出來的就是常道了，可是你不說我們又怎麼明白呢？所以不同的文化、不同的民族，他們在用不同的語言詮釋著同樣的道理。這個不可說之道，無形大道，我們中國的老祖宗又是怎麼把它詮釋出來的呢？中國老祖宗詮釋出來的就是德，這個德就是我今天要跟大家彙報的仁義禮智信。你能夠循著這個德行去做人，你就有道了，總有一天你就會回歸到道上來了。

第一，仁。人字邊有一個二，有兩個人，自己和他人，想到自己和他人就叫「仁」了，所以仁必須是公心而不是私心，想到私心就不可能是仁了。我們看本次的金融危機，從表面上看是次級貸款的原因，可是背後呢？實際上它是金融機構利用各種複雜的金融危機在謀取自身利益的最大化，然後把這些不斷疊加的風險轉移給社會公眾，在規避這種風險的時候他們只考慮到自己而沒有考慮到別人，沒有看到這種運作對整個社會經濟運行帶來的不良影響，沒有負起一個金融機構應當負起的社會責任，所以這個是不仁的，他只想到了自己，卻沒想到別人。甚至有一些銀行，他們把那些次級貸款跟那些信譽好的、等級比較高的貸款混在一起，做成這種房屋抵押債券，發行債券的時候把它吹得很好，實際上這裡面本身就已經缺乏了誠信。

有一個很典型的事件，在西元2009年三月，美國政府為了救市，對於美國國際集團AIG給予了一千七百億美元的經濟援助，當然這個經濟援助是來源於納稅人的錢，本來這個公司拿了這筆錢是要解決自身的經濟困境，還要走出這個危機的，然而大家沒想到的是AIG卻決定向公司部分高階主管支付1.65億美元的獎金。不知道他們要獎勵自己什麼東西？有什麼東西值得獎勵？但這一行為引起

了歐巴馬總統的憤怒，他把這個行為怒斥為「魯莽且貪婪」，在美國社會引起了軒然大波。

這個事件引起了我們的深思，這不是一個簡單的事件，而是給我們昭示出危機背後實際上是美國價值觀的一個危機，是所謂的見利忘義的價值觀。已經到了這麼危機的程度，而且在接受美國政府的援助時，居然還沒有想到要幫助整個公司走出困境，穩定這個金融市場，而是想到自己中飽私囊。孟子說得好，「上下交征利，而國危矣」。一個國家如果是上行下效，從國家領導人到百姓都在談利益，每一個做法都是想這個對我有什麼好處，這個國家就危險了，為什麼？因為一個公司只顧自己的利益，一個人也只顧自己的利益，一個國也只顧自己的利益，那必定產生利益的衝突，衝突發展起來就是鬥爭，鬥爭發展起來那難免會有戰爭。仁，具體展現在愛人，我們見到別人有苦難的時候，我們必定是要伸出援手。

我們看到西元2008年五月十二日汶川大地震之後，很多企業家伸出了援手，每日經濟新聞公布了一個所謂捐贈非常榜，分成了兩個榜，一個是捐贈最慷慨榜，一個是捐贈最寒酸榜，我這裡把人名省掉了，純粹是就事論事，有的慈善家捐了一億元，有的捐了兩千萬元，我這裡羅列了幾位，最少的有兩百萬捐款，這些企業都是伸出援手在幫助人。我昨天聽見星河灣梁上燕總裁告訴我們，大地震裡星河灣捐贈了六千萬，這是非常難得的，我們看到捐贈的本身我們也會覺得很好。可是這裡我需要點出一個問題，他們捐贈的款項跟他們的資產是一個什麼樣的比例呢？假如你看最後一列裡面捐贈的比例，A捐贈的數額是他資產的1%，B是0.2%，一直到最下面G是0.08%。我們看到，當一個人的資產有那麼多的時候，捐贈的數額我們不能看絕對的數字，還要看比例，因為一個人的人心不能光做表面的功夫，而是要從內心發出來的，盡自己的能力幫助那些需要幫助的人。

我們再看另一幕，在廣州街頭，汶川大地震之後五月二十日，

廣州一個殘疾的乞討者，兩次把他所討來的全部錢都捐出來了，這可是他全部的收入，至少是他那幾天全部的收入。我們又看到南京街頭上，一位乞丐老人聽到汶川大地震的消息後，他毅然把他乞討來的全部收入，都是一角一塊的銅幣，湊起來三百多塊錢全部放到捐贈箱。

有一個故事：

說古時候有一個女孩，她家裡很窮，幾乎到了乞討維生的地步，有一天她到寺廟裡面做功德，拿了兩文錢，這是她全部的家當，她把兩文錢非常鄭重地放到了功德箱裡面。結果寺院的老和尚看到這一幕，親自給她做迴向，後來她因很偶然的一個機會被皇上看中，入宮當上了妃子，貴妃娘娘想自己能有這一天，都是寺院給自己的，於是她就去還願。她帶上了千兩黃金，帶有很多侍女、隨從，浩浩蕩蕩去寺院做佈施，這時老和尚沒有出面，只是叫一個小和尚去做了一個迴向就了事。這時候娘娘很不高興，找到老和尚去問，過去我只是一個貧女，只有兩文錢的佈施，現在我佈施一千兩黃金，你卻只是吩咐一個小和尚馬虎了事。這個老和尚說，你過去佈施的時候施心甚真啊，你那佈施的心非常真誠，如果我不親自給你做迴向，我不足以報你的恩德。可是你現在是貴妃娘娘，千兩黃金不算什麼了，所以叫一個小和尚足矣。

因此，人修的這個福，就是人心的展現，我們從這個故事裡就可見一斑了。

宋朝的名相范公出將入相幾十年，在準備退休的時候，他的兒子想在蘇州南苑的地方買一塊作為他養老居住的地方，結果一個風水先生跟他說你這個地是風水寶地，將來肯定會出很多賢達的子孫，出很多人才。結果范先生一聽，既然如此，那我就把它捐給國家，作為學校為國家培養人才，所以他就這麼做了。結果他自己的

子孫，四個兒子全都做了宰相公卿，這幾個兒子個個都是道德崇高之人。他出將入相幾十年所得的所有的俸祿全都做了佈施，我們看《古文觀止》裡面就講到這個故事，范公的錢都拿來捐贈給貧困的親人，拿來幫助那些有志的青年學習，拿來復興傳統的文化，宋朝儒學的發展范仲淹做出了很大的貢獻。可是他家裡非常節儉，他要求家裡所有人只穿布衣，當他自己去世的時候，甚至連自己的喪葬費都拿不出。就是這樣一個清廉的宰相，他的這種德行福蔭子孫，所以范仲淹的子孫傳了八百年，至今還是家有賢孫。

　　我在去年遇到了范仲淹先生的一個後裔，是相當的有學問和德行。一個家族能夠永續，靠的是什麼？靠仁，靠德。一個企業不也是如此嗎？我們看另外還有一個相反的案例，這是曾文正公的後裔寫的故事。清末有一個上海的鹽商，當時的鹽商就跟現在的房地產商一樣，個個都是腰纏萬貫。他還是上海鹽商的領袖，姓周，我們叫他周翁，家財萬貫。當時湖南發生了災荒，他在湘潭分號的經理代老闆認捐了五百兩銀子，結果回來報告周翁，周翁聽了之後非常生氣，他捨不得這五百兩銀子。有人問他發家是怎麼發的，靠什麼方法呢？他說只是積而不用，他靠積而不用的方法積攢了不少財富，他在去世的時候家產留下三千萬兩銀子，子孫有十房，分了家，至少每家三百萬兩。但不過十幾年，十房的子孫全部敗光了，這個家族也就沒落了。

　　《禮記・大學》篇裡面講：「仁者，以財發身；不仁者，以身發財。」仁德的人用他的財富來幫自己修德立身，為社會做貢獻，像范仲淹先生那樣，他的俸祿全部捐出來，他的錢財全部捐出來，以財來發身，不仁者像清末的周翁一樣，以身發財，雖然發財了，但是代價是把身給葬送掉了。

　　第二點，義。《論語》裡講：「子曰：君子喻於義，小人喻於利。」君子知道的是仁義，小人知道的是利益。今天早上，許嘉璐教授也講到孟子見梁惠王的時候，梁惠王問他不遠千里而來，給

他們國家帶來什麼利益？孟子說：「王何必曰利，亦有仁義而已矣。」因為什麼呢？仁義當中必有大利，如果你只追求利，你就把仁義喪失掉了，這才是喪失了大利。所以君子樂得做了君子，小人冤枉做了小人。我們現在的商業市場裡面是君子多還是小人多？假如小人爭利了就會出現欺詐，大家都在競爭，競爭開始是良性競爭，然後是爾虞我詐，然後是鬥爭，然後就是血拚了，你死我活，危機最後就產生了。在西元2001年美國發生的轟動世界的金融醜聞，安然公司是曾經被評為美國五百強第七名的大金融公司，能源公司Enron，由於欺詐，使得股市市值的數字都是虛報的，迷惑了很多投資者。Enron公司的價格高達七十塊錢一股，金融案件發生以後醜聞曝光了，最後股價掉到不足一塊錢，幾十億美元就付之東流，上萬名的美國員工喪失了他們的工作、喪失了他們的社會保險、養老金，整個金融市場當時處於動盪之中。我們來看Enron公司三位領導者的結局是什麼呢？這三位領導參與策劃，也就是主凶了，法院對這三位提出起訴，起訴書六十五頁，涉及五十三項指控，包括騙貸、財務造假、證券詐欺、電郵詐欺、策劃並參與洗錢、內部違規交易等等，創始人前CEO肯尼士‧萊可被判監禁四十五年，突發心臟病去世。第二位前CEO傑夫‧斯基林被指控二十八項罪名，將面臨二百七十五年的有期徒刑，前副董事長約翰‧巴克斯自殺了。

道家《太上感應篇》云：「取非義之財者，譬如漏脯救飢，鴆酒止渴，非不暫飽，死亦及之。」所以不義之財君莫取。

第三，禮。有一個膾炙人口的寓言故事，是俄國普希金寫的《農夫和金魚》的故事。

有一個農夫和一個老太太一起生活，在海邊他們搭了一個泥棚，住得非常簡陋，生活非常簡單、清苦。老頭子每天去海裡捕魚，老太婆在家裡紡線。有一天老頭子在海裡撒了網，竟然撈出來

一條金色的魚，這種魚老頭子從來沒見過，牠竟然能開口向老頭子說話。金魚說：「老爺爺請你放過我吧，我不是普通的魚，你只要放了我，我答應給你非常貴重的報酬，你要什麼都可以。」這個老頭嚇了一跳，把牠放到海裡，說：「你去吧，我什麼報酬都不要。」然後老頭空手回到家裡，跟老太婆說明了今天的事情。老太婆聽了非常憤怒，罵這老頭子真笨，家裡連一個木盆都沒有，快去要一個木盆回來。老頭就到海邊向大海呼喚，這金魚就來了，問：「你要什麼？」老頭就說要一個木盆，金魚就說：「上帝保佑你，你會有木盆的。」老頭回去一看，果然老太婆就已經有一個木盆了。本來是很高興的事情，但老太婆一見到老頭回來便破口大罵，說：「你真笨，為什麼只要一個木盆？你看我們現在住的房子，你為什麼不要一個房子呢？」老頭子又去海邊用同樣的方法找金魚，金魚也答應了，老頭回來之後他們也住上了非常漂亮的木頭房子。但老太婆又破口大罵，說：「我要做一個貴婦人，你快去找金魚吧！」老頭回來之後，老太婆果然就成了一個珠光寶氣的貴婦人了，但她見了老頭之後又破口大罵，說：「不行，我要做女皇。」金魚還是滿足了她，老頭回來之後發現老太婆果然成了女皇，很多大臣在侍候她。女皇見了老頭子就破口大罵，說：「你快去找金魚，我要做海上的女霸王，叫那條金魚來侍候我。」這老頭子很無奈，還是跟金魚說了，可是這金魚什麼話都沒說，就游到了海裡，老頭子回來之後竟然發現他的老太婆又在泥棚底下紡線。

這個農夫和金魚的故事雖然聽起來像神話一樣，可是它告訴我們一個理念，當一個人貪得無饜，他的要求過度的時候，其實他的結局會非常悲慘。你可能會說這個故事不可能發生在我們身上，其實不然。比如說三十年前，當我們騎著自行車在路上的時候，我們可能已經覺得非常幸福了，過了十年以後我們可能要騎摩托車，那麼再過十年可能要擁有自己的汽車，到現在可能一部寶馬還不夠。

其實，當人們的消費不斷地成長，欲望也是在不斷膨脹，假如我們不懂得禮，生活就會變得非常糟糕。禮是什麼？就是有規矩、有節度，如果沒有規矩、沒有節度的時候，高速發展的經濟也可能結局是悲劇，這次的金融危機何嘗不是因為這個原因。

我們來看美國政府一直採用的經濟政策，都是用各種貨幣政策來刺激消費，從而刺激投資。因為他們的哲學是現在經濟成長的瓶頸，已經不是生產力的不足了，而是生產過剩，人們來不及消費了，所以唯一的管道是刺激消費，你就多消費吧，你多消費就能刺激我們經濟的成長。所以，自從西元2001年網際網路泡沫破裂之後，美國政府為了振興經濟，從西元2001年到西元2004年不斷下調利率，從6.5%下降到6%、5%，不夠，4%、3%，最後2%、1%，這是政府的中央銀行的利率。就好像老太婆一樣，木盆不夠要木房，木房不夠要做女皇，一直往上調，我們看到房地產市場利率也跟著下調。所以一年可調的利率從西元2001年底的7.0%，下降到西元2003年的3.8%，刺激了房價等資產的價格攀升。現在貸款容易了，貸款的成本低了，所以我們都想貸款。有一批人本來收入並不足以貸款買房，可是他們還是能夠貸款，因為利率很低，價格不斷攀升產生了房地產市場價格的泡沫，假如沒有什麼變化，經濟一直保持低利率當然沒有問題。可是從西元2004年開始，這兩年當中美聯儲就開始調高他們的利率，隨著利息的成長，原來有一批只能在低利率情況下才能貸款的人現在面臨著高的利息了，他們還不起了，怎麼辦呢？貸款的成本和貸款的風險增加，這就導致了房地產市場價格的下降，泡沫破裂了。而且，很多的貸款都違約了，所以一連串的連鎖反應導致了房地產市場的崩潰，這就是所謂的次貸危機，這個危機的爆發是這個原因。可是它的根源是什麼？就是過度刺激消費的貨幣政策，這要承擔一定的責任。美國用這種低利率的貨幣來刺激消費，到底應不應該？換句話說，現在的消費還需要刺激嗎？其實美國的消費已經過度了，簡單的幾個數字就可以說明問題了，

美國人口佔世界人口的4.5%，三億人，可是他們的消費總量，對物質資源的消費佔了全世界的三分之一的比重，33.3%，跟他們的人口比率不相一致。消費會產生污染，在美國這種消費當中連帶的是浪費，27%的可消費食品被浪費掉，這意味著什麼呢？每一個美國人每天平均來講都在浪費掉一磅的食品，也就是每年他們要扔掉四千三百七十萬噸的食品！根據世界銀行和國際貨幣基金組織聯合公布的聲明，世界上現在還處在長期飢餓的人口超過了十億。

　　古人有一句話叫「朱門酒肉臭，路有凍死骨」。人心何在？當我們消費的時候，我就非常佩服剛才的王正華王總裁，春秋航空的董事長，他就很節儉，我佩服！到英國四個人住一個房間，一個總裁住三星級以下標準的房子，出門連搭計程車都不捨得，就坐地鐵，這是好榜樣。昨天遠東集團的徐浩然副總裁跟我們講，他們的公司裡面有一個與眾不同的地方，所有的員工去廁所，洗完手之後拿著衛生紙不會超過一張，只拿一張紙，就從這個細節我們就看到一個企業的德行。因此，這個企業才是最受祝福的企業，為什麼王總的春秋航空在這個壟斷的行業裡面能夠生存獲利，超過其他同行？古人講「澹泊明志，寧靜致遠，儉以養德」，他能勤儉持家，這就是德行。又講到了美國的消費，這種過度的消費是浪費，是什麼來支持的呢？其實是超前消費，也就是所謂的信貸消費的支持。我們知道美國沒有人不用信用卡、沒有人不借貸的，從政府到百姓都是這樣。所以美國聯邦政府累計債務達到65.5兆美元，是美國GDP的四倍還多，就是說美國人一年的生產總值，一年不吃不喝給政府還債要四年多，美國家庭債務目前已超過三十兆美元（每人平均十萬美元），美國一個工作人員平均年收入是3.8萬美元，按照這個來計算，平均十萬美元的收入，每一個美國人不吃不喝，將全部收入用來還債，也要兩年多。靠借債來支撐他們的過度消費，經濟怎麼能沒有危機呢？所有經濟學家都在驚歎中國經濟的發展奇蹟，為什麼這麼多年保持兩位數的成長率？其實道理很簡單，早在

兩千多年之前，老祖宗告訴我們，你看《禮記》大學篇裡面說道：「生財有大道，生之者眾，食之者寡，為之者疾，用之者舒，則財恆足矣。」我們生財有大道，有好方法。什麼好方法？就是春秋航空董事長他們用的方法。我們中國為什麼保持著這麼高的GDP，就是老祖宗給我們留下的價值觀。

去年九月，我們知道雷曼兄弟倒台了，這是美國第四大投資銀行，一百多年的歷史。最後怎麼倒台的呢？由於他們發放的這些金融產品，這裡面當然會有欺詐的成分，這就不說了。他們當時虧損了二十億美元，有沒有救呢？有救。英國的巴克萊銀行要收購雷曼兄弟公司。當然，一收購之後，一般來講，原公司的高階主管都會被開除，美國公司法為了保護在收購和兼併當中被兼併公司的高級管理人員，他有一種所謂的Golden Parachute（金色降落傘），保護那些被兼併公司的高階主管，給他們豐厚的獎金，讓他們不要從中作梗，可以使兼併順利進行。這裡有八名高階主管，按照金色降落傘的要求，要求支付他們二十五億美元的紅利。人家出十七億美元來收購你，還要出二十五億美元給你們這些高階主管養老，當然這個就談不下去了，結局我們知道，雷曼兄弟破產了。

所以，是不是這些高階主管沒有專業知識，不懂得法律呢？當然不是，就是因為他們太懂法律，太有專業知識了，而缺的是什麼呢？就是缺德，人家來收購其實是幫助你，幫助整個經濟的穩定，保證金融市場的正常運行，因為誰都知道雷曼兄弟的垮台對於金融市場的影響多麼深遠。可是，為了中飽私囊，竟然見利忘義，利用法律來滿足私欲。

昨天晚上我和毛總經理談起禮與法的問題，他說他們的公司落實《弟子規》，全公司七千餘員工都在學習弟子規，學習傳統文化，落實仁義禮智信，毛總經理請的高階主管都受過西方專業的培訓，所以每個人都非常懂得現代經營管理之道，有很健全的公司規則。比如說對於遲到問題，遲到五分鐘罰多少錢，遲到十分鐘罰多

少錢，十五分鐘罰多少錢都有明文規定，這個法規構建起來了。結果毛總說這不行啊，假如我們沒有教育我們的員工就去懲罰他們，這是虐待他們，所以他就決定把罰款取消掉，教學為先，公司的領導和員工也是教學為先，就去嘗試了。很多高階主管不同意，說這個不行，這個行不通，我們現在用罰款的制度還這麼多人遲到，不罰款更無法無天了。結果一試，沒想到不罰款，用教育的方法，主管跟員工談話，結果發現遲到的現象降低了50%。

昨天我們就講到了《論語》上孔老夫子講的一句話，子曰：「道之以政，齊之以刑，民免而無恥。道之以德，齊之以禮，有恥且格。」孔老夫子說你用政治、用法令、用規章制度去引導他，用刑法、用處分來整頓你的隊伍，有什麼效果呢？民免而無恥，就是人民不敢犯罪了，因為他害怕刑法，可是他沒有恥辱心，他不會以為犯罪造惡是一個可恥的事情，只是害怕你的刑法，不得不遵守。另外一個方面，道之以德，齊之以禮，你用德去引導他，去教育，用禮去規範他，讓他知道禮，人都有良心，都有良知，你把他的羞恥心喚發出來之後，他不會做惡事，他覺得做惡事可恥。公司對我這麼好了我還遲到，我還好意思嗎？有恥且格，格是正了。所以禮和法，禮制和法制哪個好，我們不說哪個好，但你從這裡就能看到。我們不是說法制是不要的，當然是有用的，用處是民免而無恥。因此，要用教育，以教育為先，以法制作為輔助，這樣人民百姓既不犯罪又有恥辱心。

第四，智。智是智慧，就是你能夠認清事實的真相，有鑑別是非的能力。智慧其實是人人本有的，釋迦牟尼就告訴我們，眾生皆有如來智慧德相，皆因妄想執著而不能證得。每個人都有像如來一樣的智慧，圓滿的智慧，圓滿的德，圓滿的相貌，就是因為有妄想、有執著，我們原來講有自私、有欲望，所以阻礙了我們的智慧。因此，智慧不是從外面學來的，學來的你可以拿到博士學位、你可以是教授，你可以寫很多的論文，可以發表很多的著作，成為

學者，但那不是智慧，而是知識。智慧是自性中流露出來的，遇到事情你就能鑑別是非，就能做出正確的抉擇，那是智慧。我們看到金融危機裡面有股市的危機，其實股市為什麼會出現危機呢？為什麼會崩盤呢？原因就在於沒有智慧。

我原來是學金融的，美國有一個很好的雜誌，我在上面發表了一篇文章，研究了美國自從西元1871年開始到最近股市價格的走向。我們知道，每一個股票價格裡面都含有一個所謂的基本價值。基本價值是用預期的現金流量折算到今天的現值，我們用現值的公式計算出時間序列的現值，黃線代表了基本價值，紅線代表了真實的價格，這個就是標準普爾指數價格。在這一百三十八年間，我們看價格和價值的對比，假如一個股市是健康的、正常的，那麼價值應該等同於價格，價格是怎麼決定的呢？買賣雙方決定的，是市場的需求和供給決定的。價值是什麼決定的？是公司的預期現金流量，就是你將來要付多少錢，所以價值才展現了公司的業績。如果市場是正常的，價格不會偏離價值，如果偏離了價值，比如說偏離了價值的時候，投資過高了，股民就應該賣這個股票，所以價格又被壓回價值上來。假如價格低於價值，就會引起很多的買單。

因此，市場如果是健康的、正常的、有效率的，價格和價值應該是等同的。但是你可以看到他們並不等同，價格的波動性遠超過價值的波動性。為什麼呢？我們從這裡看到，美國投資者的行為其實是一種盲目而沒有理性的，這個當然已經成為一個廣為接受的事實了。在金融學裡面，有一種所謂的行為金融學專門研究過這個問題，其實經濟學裡面他們的假設，是每一個經濟人都理性，不會犯錯誤，不會做錯誤的決定，實際上不然，人們在不斷地犯錯誤，他非理性。其實非理性這個問題自從有股市以來就有這個問題，為什麼呢？這跟人有關，不是因為股市才這樣。

我們看歐洲股市第一次產生崩盤是在西元1717年，當時中國還是康熙五十六年間。當時參加歐洲股市的做交易的有誰呢？有牛

頓，他也參加了交易，跟其他股民一樣，他也被套牢了，梁啟超把這個崩盤稱為氣泡，跟我們現在的泡沫是很相像的。他說這個氣泡是很值得引以為戒的，他看了牛頓寫給自己的朋友委託買股票的一封信就說到，這封信應該把它「藏之於國家圖書館，視為鴻寶，以為商務中人戒」，這說明什麼呢？我們知道牛頓是非常聰明的人，但他也會做出這種事情，被套牢了。

　　西元1929年，美國股市大跌，經濟蕭條了，當時二十世紀最著名的經濟學家凱恩斯也幾近破產。從這裡，我們就看到智慧和知識區別在哪裡了。中國的股市發展並不落後於歐洲和美國，其實超前於美國，早在十九世紀中國已經有股市了。在西元1872年，那時是清朝同治十二年，九月二日中國股市崩盤，上海《申報》有一段評論：「今華人之購股票者，則不問該公司之美惡，及可以獲利與否，但有一公司新創、糾集股份，則無論如何，競往附股。」這個話不難懂，現在買股票的人盲目、瘋狂地在購買，也不看這個公司是好是壞，也不看到底是不是獲利，只要有一個公司新創發了新股票你就競往附股，就蜂擁而上。一百多年前的這段評論如果用到現在還挺適用，證明什麼呢？人們不斷地在犯同樣的錯誤，這是為什麼呢？沒有智慧！其實沒有智慧不僅是在一個股票市場裡面，當我們看到一個企業家沒有智慧的時候，他可能會犯很多的錯誤。明朝有一位憨山大師，寫有一個《憨山大師勸世文》：「榮華終是三更夢，富貴還同九月霜。老病生死誰替得，酸甜苦辣自承當。人從巧計誇伶俐，天自從容定主張。諂曲貪嗔墮地獄，公平正直即天堂。」所以人生的價值在哪裡？

　　我認識一個家族賴福金集團，他們建了一個「福群」醫院，在西元2008年啟動典禮上，董事兼總經理賴藹芳女士發表了一個很長的演講，演講的大意是說：為什麼要建這個醫院呢？是滿足先父的願望，因為先父曾經想建醫院救人。也感謝母親的恩德，所以「福群」的福是來自父親的名字，群是來自母親的名字，用父母的名字

給醫院命名。他也說有捨才有得，萬般帶不去，唯有業隨身，為什麼不及早行善呢？

她有一段話很感人：人生永遠都是來也空空，去也空空，當我們去的那一刻，任誰也帶不走一分一毫！……有錢而不捨得用，與窮人沒兩樣，花在自己身上是享福，福盡悲來！但是若能取之社會而又能回饋社會，彼此感恩，樂於行善，讓這無常寶貴的生命價值重如泰山而不枉此生，這種一舉兩得而又造福人類事情我們又何樂而不為呢？《弟子規》中說：「凡出言，信為先；詐與妄，奚可焉。」《論語》說：「人而無信，不知其可也。」假如我們沒有誠信了，你還能做什麼呢？

李嘉誠是華人首富，他常常謹記母親的教誨，他母親說經商如同做人，誠信當頭，則無危而不克了。李嘉誠14歲就擔負了家庭的重擔，這是一個孝順的孩子，出身貧寒，憑著自己的努力和智慧成為了華人首富。有一次他陪著他的母親回到了家鄉，看到開元寺受到了破壞，他知道母親很想捐助修復這個寺院，便立即慷慨解囊，他致函給住持：「本人此次提出對貴寺重建稍盡綿力，緣於家慈信佛多年，體念親心，思有以略盡人子養志之責。」古人講，人有父母如同木有本，水有源，一個人的事業能夠這樣成功確實是因為他不僅是有誠信，更有最根本的德行。

所以《大學》裡面講：「君子先慎乎德，有德此有人。」企業現在最重要的是人才。「有人此有土」，這不僅包括房地產，還包括所有的資源，這樣才能「有土此有財，有財此有用」。用在哪裡呢？不是用在自己的生活享受，而是用在回饋社會上，造福人群。所以「德者本也，財者末也」。我們現在追求財富是追求之末，應該回歸到根本。和諧世界也要從根本做起。《孝經》云：「先王有至德要道，以順天下，民用和睦，上下無怨……」這就是我們現在所追求的，所提倡的和諧社會、和諧世界，怎麼來做呢？用孝道。「夫孝，德之本也，教之所由生也」。我們現在歸納起來一個根

本，國家要以人為本，企業也是以人為本，而人以德為本，德以孝為本。人有孝道了，他不論做什麼樣的事業，到最後始終是要有所成就的，因此概括起來做一個小小的總結：我們商業界要重建中華倫理道德，這才是走出危機的出路。

現代經濟學之父，英國的亞當‧斯密於西元1776年出版了《國富論》，提出了「一隻看不見的手」是市場；他還寫了《道德情操論》，他講到一個市場，必須要有道德去引導，否則這個市場也會出現危機。所以我們要有另外一隻手，這就是道德，道德是什麼呢？就是仁義禮智信。這手的五指就像仁義禮智信五常一樣，孝道是德之本，所有的道德都是從孝道延伸出來的，因此我們要找到出路，我們要構建和諧的企業、和諧的商業、和諧的社會、和諧的世界，必須要舉起這一隻看不見的道德道義之手，我們必定能夠成功。謝謝大家！

「教民親愛，莫善於孝；教民禮順，莫善於悌；

移風易俗，莫善於樂；安上治民，莫善於禮。」

—— 《孝經》

八榮八恥
——明道德，知榮辱

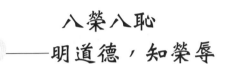

時間：西元2006年六月

地點：山西大同

尊敬的女士們、先生們，大家早上好！

今天後學非常榮幸，能夠在此地跟大家談談我自己，作為一個海外學子，學習社會主義榮辱觀，「八榮八恥」的體會。我今天講的題目叫作「明道德，知榮辱」。

首先，我們來看看這個題目，我們要「明道德」，什麼是道，什麼是德？我們來看一看古聖先賢對我們的開導。講到「道」，我們中國傳統把這個道解釋為五倫大道，這個倫就是指人與人之間的關係，所謂倫常。這種關係能夠和諧，人才能夠長久。五倫就是父子、君臣、夫婦、兄弟和朋友，這五倫本來是和諧的。如何去和諧？所謂父慈子孝，你看父母本來就對兒女有一種慈愛，兒女本來就對父母有一種孝敬，父母的慈愛和兒女的孝敬是一種天生的、本來的天性，我們說這叫天倫。天倫就是自然的一種和諧。你看小孩一出生，對於父母就非常地依戀。我們所謂的赤子之心，就是兒女一生下來，赤條條的時候叫赤子，他對父母就是一種依依不捨，一種愛；父母對兒女也是一種無條件的慈愛。這種關係，父慈子孝，是天然的，不是人教的。

那君仁臣忠也是一種自然的人際關係，人總是有領導和被領

導的關係，君就是領導，臣就是被領導。譬如說，在家裡面父母就是君，兒女就是臣；在學校裡老師就是君，學生就是臣；在一個公司、團體、機關，都有領導和被領導的關係。領導者要仁，對下屬是仁愛；被領導的人對上級是一種忠誠。我們說熱愛國家，服務人民，這「八榮八恥」前面的兩條就是講忠。夫義婦聽，這是講夫婦，這也是天倫，自然的關係。夫妻之間講究的是一種義，道義、恩義、情義，聽就是互相的恭順，因為如果沒有順，哪能有和諧？兄良弟悌，這是指兄弟姐妹。家裡面有長輩和晚輩，乃至到社會上年長者和年幼者，都需要有這種互相的仁愛、恭敬，這是兄良弟悌，也就是兄友弟恭。朋友有信這是最後一倫，講的是朋友之間應該講求信義。所以，五倫大道是人生出來就會面對的，這是天然的秩序。如果這五倫都能夠和諧，這個社會就和諧了。

構建和諧社會，構建和諧世界，這就是道。「中國人早就提出了和為貴的思想，追求天人和諧、人際和諧、身心和諧。嚮往人人相親、人人平等、天下為公的理想社會。今天，中國提出構建和諧社會，就是要建設一個民主法治、公平正義、誠信友愛、充滿活力、安定有序、人與自然和諧相處的社會。」所以你看，和諧真的是大道，如果能夠把剛才我們所說的這五倫的關係處理得和諧了，和諧社會就在眼前了。

那如何構建和諧？我們說人的五倫的關係本來就是和諧的，所以《三字經》所講的「人之初，性本善」，這個本善就是講的和諧。社會本來也是和諧的，可是現在為什麼我們看到有很多的不和諧？你看這個世界，中東有戰爭，各種地方的戰火每年都不能斷，乃至家庭裡夫妻也不和，父子也不和。這麼多的不和諧，問題出在哪裡？《三字經》上在一開頭就跟我們講到「人之初，性本善」，人本來是有天性的善，但是下面一句說「性相近，習相遠」，人的天性確實是純善的，社會確實本來和諧，然而現在我們見到的不和諧是什麼原因？「習相遠」，人都有習氣，這習氣怎麼來的？後天

的污染，社會上的、媒體裡的，每天接受的這些不良的污染，所以把我們本性的那種純善就給污染了、覆蓋了，它顯現不出來了。所以我們可以看到，這個社會有這麼多的不和諧。那如何恢復和諧？和諧社會不是說我們創造一個和諧社會，不需要，恢復就行了。把我們本性中的純善恢復了，把本來原有和諧的五倫關係恢復了，這就是和諧社會了。

　　那如何構建和諧社會？我們說和諧是大道，那麼順應這個大道的就叫德。古人為我們講有八德，所謂孝、悌、忠、信、禮、義、廉、恥，這是八德。孝就是孝順父母。悌就是兄弟的友愛，乃至在社會上對尊長、對上級、對老師尊敬，這是悌。忠就是我們胡主席提的，「熱愛國家，服務人民」。信就是講究人要有誠信，人無信則不立。禮就是講究禮節，禮是人與人之間最美好的距離，如果人講究禮儀，走到哪裡都會讓人很歡喜。義就是要講恩義，人要懂得知恩報恩，像父母對我們的恩德很大，我們應該時刻思念、報答父母；老師對我們的恩德也很大，時刻要想著實現老師對我們的期望；國家、人民對我們的恩德很大，我們也時刻想著如何去報答國家、報答人民的養育之恩，這是義，是恩義、道義、情義。廉就是廉潔，生活簡樸，八榮八恥裡的「艱苦奮鬥」，這就是廉。這個恥就是人要有羞恥之心，古人講「知恥近乎勇」，一個人真正懂得做事情，他就不會去做不好的事情，說明他有恥心，這樣一個人，古人講的，他能夠很快地接近聖賢了。所以這八德，就是我們人天性當中具的道德，它是恢復我們本性當中純善的一種最好的方法。

　　我們要構建和諧社會，大道從哪裡開始恢復？就是要落實「德」。「八榮八恥的社會主義榮辱觀」。八榮八恥，你看提的這個八，也是跟古八德所講的八相對應。這是我們都熟知的，我們把八榮八恥念一念：

　　以熱愛國家為榮，以危害國家為恥；

以服務人民為榮，以悖離人民為恥；

以崇尚科學為榮，以愚昧無知為恥；

以辛勤工作為榮，以好逸惡勞為恥；

以團結互助為榮，以損人利己為恥；

以誠實守信為榮，以見利忘義為恥；

以遵紀守法為榮，以違法亂紀為恥；

以艱苦奮鬥為榮，以驕奢淫逸為恥。

這是八榮八恥。其實我們仔細去看，很多都是跟古八德相對應。所以我們可以說，八榮八恥的提法是一種涵蓋古聖先賢的道德教育，又與時俱進的說法，非常契合現代人的需要。我們說古八德也好，現在提的八榮八恥也好，從哪裡著手？從哪裡落實？古八德第一個字是孝。今天要跟大家報告的八德、八榮都必須要從孝道著手。因為孔老夫子說得好：「夫孝，德之本也，教之所由生也。」八德和八榮根本在哪裡？就是孝，孝順父母，它是一切道德的根本。

我們現在談到和諧社會，構建和諧世界，這個也不是現在才提的，幾千年來，我們中華民族這些古聖先賢，就一直在追求這樣的一個理想。我們來看看，在兩千五百年前就有這麼一個討論。有一天，孔老夫子，就是至聖先師，他在教學當中跟他的弟子們討論。孔老夫子就問他的一個弟子，那個學生叫作曾參。曾子，我們知道他是《四書》裡面《大學》的作者，他是孔老夫子的傳人，學問、道德非常優秀，曾子也是個孝子，《二十四孝》裡面就有對他的記載，他對母親非常孝順。能夠對父母孝順，對老師他就尊敬，所以他才能夠真正傳承老師的道德學問。孔老夫子今天要講一個很重要的問題，他就問曾子說：「先王有至德要道，以順天下，民用和睦，上下無怨，汝知之乎？」孔老夫子就問他說古聖先王有一種至高無上的道德，非常重要的道理，能夠怎麼樣？構建和諧社會，構

建和諧世界。你看這裡講的「以順天下，民用和睦，上下無怨」，這就是構建和諧世界，能夠使天下都和順，百姓都富足、和睦，上下都沒有怨恨，這就是和諧社會。「汝知之乎」，你知道嗎？曾參聽到自己的老師，給他提出這麼重要的問題，構建和諧世界你用什麼方法？他馬上從自己的座位上站起來向老師行禮，然後就跟老師請教，他說，我曾參並不聰明，哪裡能夠知道古聖先王的至德要道？請老師為我詳細的說明。

你看曾參對老師的這種恭敬、這樣的謙虛，怪不得他成為孔老夫子的傳人。所以說學生怎樣才能夠學到東西，尊師重道，治學的態度、求學的態度，是一個人能不能夠成功的關鍵。你看曾子，他對老師這樣的恭敬、這樣的謙虛，那孔老夫子看到這麼好的學生，如果不好好教導那就對不起他了，所以孔老夫子就一下子和盤托出，把古聖先王的至德要道給他說明。孔老夫子開門見山就說：「夫孝，德之本也，教之所由生也。」他說孝道、孝順父母就是一切道德的根本。所有的教育，我們說倫理、道德、聖賢教育，乃至今天我們講的八榮八恥的社會主義榮辱觀的教育，從哪裡出生？要從教孝道開始，是從孝引申出來的。原來構建和諧世界就是一個字——「孝」。我們才恍然大悟，孔老夫子確實是至聖先師，智慧這麼深遠，把構建和諧世界的這個大道，用一個字就能夠說明出來。

我們來看看，這個孝也不是普通的事情，既然能夠構建和諧世界，哪裡是普通事，孔老夫子給曾參說明孝有三個層次，第一「夫孝，始於事親」；第二層是「中於事君」；第三層「終於立身」。孝道最基本的第一層意思是孝順父母，對自己的父母親能夠好好地去侍奉，這是孝的起始。如果這一點都做不到了，那底下的就不用談了。第二層，中於事君。這個君，在古代我們知道是君主制度，皇帝就代表國家，所以忠於皇帝就是忠於國家。現在我們實行民主的制度，就是說人民當家做主了，那我們的君主是誰？就是人民，也就是我們現在說的，熱愛國家，服務人民，就是事君的涵義，這

是孝道的第二個層次。再往上提升，一生當中都能夠很好地孝親，很好地忠於國家、服務人民，奉持孝道一生都不改變，這才叫立身。古人講：「立身行道，揚名於後世，以顯父母，孝之終也。」孝的終極境界是什麼？一生都是很好地做一個正人君子；「立身行道」，能夠把孝道做到，把八德做到，把八榮八恥做到。這樣父母才為我們高興，他因為我們而得到光顯了，古人講的光耀門楣，這是孝的終極，是古人所追求的聖賢境界。所以真正把孝道落實了，這個人成聖成賢也就指日可待。

我們來看一個古老的故事，這是中國《二十四孝》故事裡面排第一的。四千五百年前，我們中華民族出現了一位聖王，是大舜（虞舜）。舜出生在一個非常平凡的家裡，他的母親很早就過世了，他的父親後來又為他娶了一位繼母。繼母不喜歡舜，偏愛自己的親生兒女，就虐待舜，甚至她三番五次想要把舜置之於死地。他的父親也很糊塗，還跟他的繼母一起來虐待、來謀害舜。

譬如有一天，他的繼母就叫舜下井裡去工作，結果舜下到了井底之後，繼母就把土往井裡填，想把舜活活埋死在井裡。舜很有智慧，他料到父母可能會這樣對他，所以他事先在這個井裡挖了一條通道，逃了出去，他就沒死。結果後來舜回到家裡，他父母見了他嚇了一跳，怎麼又回來了！但是舜一聲不吭，好像完全沒有發生什麼事情，還是依然像往常一樣去孝敬他的父母。後來又有一次，他的繼母讓舜爬到一個草房上面去工作。等舜上了房頂之後，繼母就把梯子抽了，然後在底下放火，想把這個草房和舜一起給燒掉。舜也特別聰明，他早就有防備了，事先帶了兩個大的斗笠，斗笠很大、很硬實的，火著起來之後，他就從那個房頂上面拿著兩個斗笠跳下來，就像降落傘一樣，慢慢地降落在地面上，他又沒死。

所以每逢他的父母要害他的時候，他都能夠智慧地避開；每逢父母需要他的時候，他都能夠出來幫助父母。就這樣過了好多年，這種純孝之心絲毫不改，他的孝行感動了整個鄉里。後來舜的事情

傳到了當時的帝王堯那裡，堯是天子。他想，居然我們這個國家裡面有這樣的大孝之人，應該請他出來替我們國家、人民來服務。因為這些古聖先王都知道，「忠臣出於孝子之門」，能夠在家裡孝順父母的，有這種純孝之心的人，他自然對國家、對人民就能夠忠誠。因為孝心和忠心，它是一個心不是兩個心，用孝心來工作，那就是對工作認真負責，用孝心對待長官就是對長官尊敬，它是一起的。因此堯就派人去請舜出來服務、治理國家，後來堯還把自己的女兒都嫁給他，最後連自己皇帝的位置都讓給了舜。

你看這些國家領導人，四千五百年前的堯真是聖王。歷史上多少人爭這皇帝的位置，他不爭，因為他知道坐在這個位置上是一種責任，他要為國為民來服務的，不是自己享受。所以誰能夠很好地做他的接班人，真能夠像他那樣子去為國為民服務、無私地去奉獻，這種人才能把國家領導人的位置傳給他。因此，他絲毫不會為自己打算，只為天下萬民打算，所以他把自己皇帝的位置就讓給了舜。你看舜出生在這樣一個平凡的家裡，他憑什麼能夠做到皇帝？這就是我們說的人生成功幸福，他達到了極點，你看他娶的是公主，堯的女兒是公主，家庭美滿了。堯的女兒嫁到了舜那裡，並不以為自己是公主的身分，好像特別高貴，反而跟著舜一起去孝順自己的公公婆婆。

舜成了天子，他憑什麼能夠有這樣幸福成功的人生？中國傳統道德教育的一個集大成的課本，叫作《弟子規》。《弟子規》上講得好，「親愛我，孝何難；親憎我，孝方賢」。這是講父母雙親如果愛我，你去孝順他們這不算什麼難事；如果父母雙親憎恨我，像舜的父母對待舜這樣對待你，還能夠這樣保持純孝之心，這是最難能可貴的一種德行，它所感應的就是非常高的成就。在四書《中庸》這本書裡面，孔老夫子就讚歎舜，「子曰：舜其大孝也歟！德為聖人，尊為天子」。你看他的道德堪稱聖人，他的地位成為了天子（國家領導者），他之所以有這樣的成就，就是因為他有這顆純

孝之心。他以這個孝心去治理國家，真正能夠用對待自己父母那樣的心，去對待天下萬民，這樣子真能夠使得「天下和順，民用和睦，上下無怨」。當時真的是天下大治，風調雨順，國泰民安，所以達到了和諧社會。那從哪裡做起？從孝開始，因為孝是人的天性，順著天性而為，就能夠得到最圓滿的成就。

很多人說，舜這樣的孝心很感動人，但是我沒辦法做到，這個太難了。你看現在很多的兒女，因為都是獨生兒女，從小都嬌生慣養，父母乃至爺爺奶奶幾輩人，對他都是百依百順，所以養成了小皇帝，父母稍微給他說難聽的話、稍微嘮叨幾句、批評他幾句，他就受不了了，多少人離家出走，中學生、小學生比比皆是。想想舜，父母這樣對他，他對父母都是這樣的純孝，我們應生慚愧心。雖然生慚愧心，但是也要知道「人之初，性本善」，孝是人的天性，我們人人都有，在座各位都有，而且都是圓滿地具足的。孟子說得好，「人皆可以為堯舜」，每個人都可以成為像堯、像舜那樣的聖賢人物。不是一定讓大家都去做國家領導人，而是要有像堯舜那樣的品格，每個人都可以做到的。為什麼？因為「人之初，性本善」，人天性就是這樣，只要把我們後天的那種污染、那種習氣去掉，天性就表現出來。

為什麼？孟子又說得好，「堯舜之道，孝悌而已矣」。我們知道，本來人就可以像堯舜那樣子，而現在想要恢復我們天性的道德，從哪裡做起？就從孝悌開始，因為堯舜之道，也是孝悌而已，所以每個人都要有信心。我們自己落實八德，落實八榮八恥，是可以做到的，因為這是我們本來天良就具有的品德。那麼構建和諧社會、和諧世界也是可以做到的，因為這個社會本來是和諧的，本來是和諧的怎麼可能不能恢復？所以我們充滿了信心。

因此，要構建和諧社會，要落實八榮八恥的教育，最好的方法還是從孝開始。在西元2005年的時候，十大人物評選揭曉，其中有一位大孝子，這位是一名律師，他的母親患了尿毒症，在醫院就

醫。醫生說只有一種方法可以幫助她，挽救她的生命，就是要給她換一個腎。換腎是不容易的事情，上哪找一個腎？這位孝子就想，與其在外面去找別的腎源，不如用我們自己的腎。所以他毅然決定，把自己的腎要捐出來給他的母親。這件事情他也不敢告訴他的母親，因為母親非常疼愛自己的兒女，假如知道兒女要給自己獻腎，她寧願跳樓都不會接受。所以這位孝子就跟醫生祕密地商量好，就說這個腎是在外面找來的。

手術那天，醫生把他的母親推入手術室，準備接受換腎的手術，然後又把這位孝子推入了另外一個手術室。醫生首先在孝子的身上切下他的一個腎，然後把這個腎移植到他母親身上。手術做得也很成功，後來母子兩個人都康復出院了。

《詩經》上有一個古老的詩歌，裡面有一句話給我們講，「哀哀父母，生我劬勞。欲報之德，昊天罔極」，我們沒想到，父母生我養我的這種恩德，竟然比天還大。你看從小到大，從懷孕開始，母親就開始為我們含辛茹苦，歷盡了各種艱難、各種折磨，把我們撫養成人。心心念念、時時刻刻，都是為自己的兒女去打算、去計劃，沒有為自己著想。所以你看，父母對我們的恩德，真的是昊天罔極，用天來比喻父母的恩德之大，這個天是無窮無盡，才能夠做比喻。所以田世國說，他所做的對母親的貢獻，還不如母親對他萬分之一的付出，這也是實話。「慈母身上腎，孝子一片心，小羊有跪母之義，烏鴉有反哺之恩，捐腎救母，大親、大情、大義」。確實，孝是人的天性，不僅是人的天性，也是萬物的天性。你看孝行裡面，動物裡都有。小羊吃奶的時候，都跪在母羊身邊去吃奶，這是一種感恩的行為，讓人看了都感動。烏鴉長大了，出去外面找食，回來餵養自己的父母，叫反哺之恩，所以孝連動物裡都有。我們講說「三才者，天地人」，人是三才之一，能夠跟天地並列成為三才。假如說不孝父母，那很慚愧了，說得不客氣一點，連動物都不如。

《孝經》上講得好，「子曰：教民親愛，莫善於孝；教民禮順，莫善於悌；移風易俗，莫善於樂；安上治民，莫善於禮。」我們說構建和諧社會、和諧世界，教人民百姓都能夠相親相愛，「教民親愛」用什麼方法最好？「莫善於孝」，最好的方法就是教孝道。能夠把這些孝子的故事，真人真事拿出來報導，讓每個人看到了都能夠生慚愧心，都能夠生仰慕之心、仿效之心，人人都能夠對父母孝順，那家庭和睦。每個家庭都和睦，這個社會就和諧，所以你看這是不是至德要道。「教民禮順，莫善於悌」，就是讓上下都能夠和順。譬如說一個公司裡面，公司的老闆跟員工們要能夠講禮順，互相都能夠恭敬講禮，都能夠和順，就要推行悌。悌就是由孝心而產生的，對於自己的長輩，對於年長者、位高者那種自然的恭敬，這就是悌。「移風易俗，莫善於樂」，「樂」用我們現代話來講就是娛樂節目，因為古時候的娛樂節目僅限於音樂、唱戲這些娛樂的節目可以移風易俗。你想要改善一個社會的風氣，使社會和諧，用娛樂節目是最好的。因為用大家喜聞樂見的這種娛樂節目，能夠使人在娛樂當中受到教育。

王陽明先生，這是明朝時代的大儒，他說過一段話「何以化民善俗？」怎樣能夠使風俗改善、構建和諧？「今要民俗反樸還淳，取今之戲本，將妖淫詞調刪去，只取忠臣孝子故事，使愚俗人人易曉，無意中感發他的良知起來，確於風化有益」。所以我們現在的電視節目、娛樂節目、電影，如果能夠多多提倡這些忠臣孝子、道義的故事，把古今中外的這些故事都拿來做節目，拿來推廣，讓大家看，這就是功德無量的。看著看著，大家就能夠自然地去學習效仿。所以，你看古人他的教育也沒有普及，真正讀書的讀書人那還是少數。士農工商裡面，士就是讀書人，還是少數。那教育不普及，為什麼古人都懂得孝悌忠信？就是因為有這些唱大戲的。戲劇、音樂、民俗、娛樂，讓人看了之後能夠啟發這種良知良能，啟發他的天性。所以，雖然教育也不普及，但是人人都起碼能懂得這

個基本道德。

　　現在你看，特別是西方的這些節目裡頭，充滿了這些污染的東西，殺戮、暴力、色情，各種不好的污染放到媒體裡面，大家看了，你看他獲得什麼樣的資訊？特別是青少年看了這些節目，你說他會怎麼樣？只能增加污染。把天性當中的良知良能都給覆蓋住了。現在的網路裡面的那些黃色、不好的網站，充斥在網際網路裡頭，青少年看了，你說他能夠受到什麼樣的教育？對他的人生，對他的事業，只有產生反面的效果。所以我們現在要構建和諧社會、和諧世界，用媒體、用娛樂的形式去推廣，非常好！

　　這裡我想跟大家報告，我有一個夢想。你看孝子的這些事例，讓人真是得到很大的感動，能夠生起一種正氣，把自己的良知良能都恢復起來。所以，用新聞媒體把孝子的這些事例，能夠用短片的形式把它播放出來，人人懂得孝順父母了，這個社會一定能和諧。孔老夫子就說：「教民親愛，莫善於孝。」確實，構建和諧世界指日可待，古聖先王就是以孝治天下。

　　孔老夫子對曾子說了一部《孝經》，《孝經》裡面把天子、諸侯，到文武百官、士人，到平民老百姓，如何行孝的道理，古聖先王的至德要道開解出來了。曾子聽了孔老夫子這麼講述以後，非常讚歎。原來構建和諧世界，一個「孝」字就能夠做到。所以他不禁讚歎說：「甚哉，孝之大也。」他說，這個孝這麼偉大。偉大在哪裡？孔老夫子說得好，「夫孝，天之經也，地之義也，民之行也。則天之明，因地之利，以順天下，是以其教不肅而成，其政不嚴而治」。這個孝，孔老夫子說，天之經，地之義，換句話說，這是天經地義之事。你看這個天，它有日月星辰，這是光明的來源，萬物生長能量的來源。所以我們說，天有好生之德，就是天是仁愛的。你看大地隨順著天時四季的寒暑，能夠成長萬物，所以德是一種恭順，恭順天時而生育萬物。所以，當人能夠把天的仁愛和地的恭順，行在這個世間的時候，那麼我們就知道這是在行孝了。

因此，孝德它是天性，是天地之德，能夠隨順天地之德，用我們現在的話說，這是自然之理。這樣去治理天下，去教育民眾，「其教不肅而成」，不用很嚴肅、很嚴厲地去教導民眾，都能夠成功。政治，國家領導人治理天下，不用很嚴厲的法制，也能夠讓人民得到和諧。當然法制非常重要，用孝治理天下可以說是非常有效果的一種事情，而法制可以用它來完善、來補充，以孝治理天下的這樣一種方法，確實能達到構建和諧社會、構建和諧世界的目的，這並不是純粹的夢想，是可以達到的。

剛才我們談到和諧就是大道，而能夠恢復和諧的方法就是八德，就是八榮八恥。從哪裡入手？孔老夫子早在兩千五百年前就跟我們說，這個至德要道就是孝。所謂「教民親愛，莫善於孝」。

我們來看一看，這個「孝」字怎麼個寫法。中國的文字，它是智慧的符號。我們的老祖宗給我們發明的文字，確實是在世界上都非常稀有難得的智慧的文化財產。你看這個孝字，它是一個會意字。就是說你看這個字，就能體會其中的含義。大家看這個孝字，能夠悟一悟，看看能不能悟出這裡面的涵義？這個孝字，上面是個老字頭，下面是一個子字底，這代表什麼？老一代和子一代合二為一，這就是孝。老一代和子一代如果是分開了，我們現在說有代溝，老一代和子一代有代溝，那就沒有孝了。這個孝字分開了，拆開了，哪有個孝字？不僅我們跟父母不能有代溝，而且父母上面又有父母，一直到過去，到我們的老祖宗。我們說我們都是炎黃子孫。炎帝和黃帝上面又有父母，一直到過去無始；我們下面，子一代，兒女又有兒女，一代代相傳下去，未來無終。過去無始、未來無終都是一體的，這就是真正的孝。所以，孝是所謂天地之德，因為這個字就涵蓋過去無始，一直到未來無終這樣的一個深廣意義。

我們現在說的悌，悌就是用孝心來對待自己的尊長，對待自己的兄長，這就是悌。悌是孝的應用，是孝的作用。恭敬、順從，這是孝的作用，這就是悌。我們用這個悌之心，去對待一切的社會大

眾，都能做到兄友弟恭，這就是孝的作用。它可以說是橫遍十方而沒有窮盡。所以這個孝，豎窮無始無終，橫遍十方天下，其意義之深，其用之廣，是不可思議的。因此這個孝，怪不得曾子說「孝其大也」，太偉大了。

你看現在兒女和父母都有代溝，這哪能稱孝？我跟我父母就沒有代溝。記得小時候，我跟母親真的是感情非常地融洽。我媽媽經常帶著我，譬如說早上，母親是早起的人，她就帶著我早起出去運動，晚上吃完晚飯，就拉著我去散步，在一起交流、溝通，直到現在。我和我母親可以說在交流和溝通方面，真的是無所不談。所以我的母親，可以說既是母親、也是我的老師、也是我的朋友，因為心裡沒有代溝。乃至我後來從中山大學畢業後，到美國去留學，攻讀碩士和博士學位，出國留學這麼多年，也沒有跟自己的父母有過什麼樣的代溝。溝通、交流依然是保持的。記得當時我跟我媽媽交流，在美國時，每個禮拜一定是打一次很長的電話，有時候打起電話都忘記時間了，一打就是一個多小時、兩個小時；每兩個禮拜，都給我父母寫一封長信，來報告自己在異國他鄉的學習、生活的情況，讓父母安心。

我的父母，從小到大就很注重對我的教育，不管是人品方面，還是文學修養方面，都非常重視。我記得在很小的時候，我還沒有上小學，媽媽就教我念一首唐詩，這是我學會的第一首唐詩。因為我當時在廣州，廣州的方言是廣東話，我是先學會念這首詩，用普通話念，所以普通話是透過這首詩學會的。今天，想跟大家分享一下，這是我學的第一首詩。

我母親是這樣教導我的。記得當時，我們家是很平凡的一個家庭，在一個一房一廳的小套房裡，我媽媽就在那個房門上，把房間的木門當作黑板，用粉筆在門板上面來教我這首詩。這是唐朝詩人孟郊的「遊子吟」，膾炙人口。「慈母手中線，遊子身上衣。臨行密密縫，意恐遲遲歸。誰言寸草心，報得三春暉」。詩人為我們

描繪了一個生活當中很普通的畫面。你看一個遊子，他可能因為出去出差、辦事，或者是留學，要出遠門了，他的母親就給這個即將出遠門的兒子縫織衣服，一針一線密密地縫，為什麼要密密地縫？就是因為母親非常愛自己的孩子，生怕衣服縫得不結實，出去遠行了，衣服破了就很不方便，所以密密地縫。心裡就盼望著兒子，能夠趕緊遠行辦完事了，就能夠回來。你看，就這樣一個生活平凡的畫面，詩人把這個母親對孩子的那種無微不至的關懷，都已經表現得淋漓盡致，所謂盡在不言中。詩人最後跟我們講，「誰言寸草心，報得三春暉」。母親生我、養我，把我們從小撫養到大，多少點點滴滴、時時刻刻，對我們那種無微不至的關懷，這種恩德，就像三春的太陽，生長萬物。我們就像小草一樣，長大了想要報答太陽的光輝，這種恩德，怎麼能夠報答得盡？

這首詩雖然是我學會念的第一首詩，可是一直到成年了，十八歲以後，上了大學了，這才能夠慢慢地體會父母對我的這種無微不至的關懷，這種恩德。西元1991年我十八歲，上了中山大學以後，慢慢能夠體會了，給我母親寫了張賀卡。我因為受我母親的影響，每逢過年過節都會寫賀卡給母親、給父親，來表達自己對父母的養育之恩的感激，我的父母也是這樣做，他們對自己的父母，就是我的爺爺奶奶、外公外婆，到逢年過節的時候，也是這樣寫賀卡給他們。我當時是這樣寫的：

親愛的媽媽，回首往事，你十數年的培養，才使我能在這嶺南第一學府中山大學讀書，使我在中大最好的專業深造。在感恩之際，我只能用一句話表達我感恩之情：「誰言寸草心，報得三春暉」。

兒茂森

一九九一年十一月二十四日

　　確實，回顧自己走過的歷程，母親非常重視對我的教育。在我上小學的時候，一直都在督促、在勉勵我，後來能以優異成績（當時我在廣州黃埔區，以黃埔區第一名的成績），考到廣州市最好的中學——華南師範大學附中。在中學時候，母親也是這樣的點點滴滴、時時刻刻地在關懷、在勉勵、在督促，這才能讓我上到大學。所以，上了大學以後，第一個應該感謝的是誰？就是自己的母親、自己的父親。後來上了大學以後，我母親勉勵我將來要出國深造，到美國去留學。當時我也聽從母親的教導，也在努力。後來大學畢業就銜接到美國去讀書。我讀的專業是金融，財務金融方向。在快赴美的時候（這時是西元1995年，我大學快畢業了），我母親給我寫了一個生日賀詞，賀詞是這樣寫的：

　　茂森兒，我的祝福將伴隨你走遍天涯海角；我的心願將附麗於你清淨光明的一生。

母親

一九九五年四月

　　於是我就帶著這張賀卡，心裡想著「遊子吟」裡面的這種情景，到美國單身一人去留學。當然心裡總是想著母親的這種期望，母親希望我好好地學習深造，將來能夠好好地去做一番事業。因為有這樣的一種動力，總想著能夠為自己的父母報恩，所以學習也就比較專心，比較努力。我記得在留學期間，從早到晚我全心投入實驗室裡、辦公室裡做研究，一天十幾個小時的工作。別人很多孩子，特別是留學生，到了週末的時候，都沒事了，有時去Party，去玩，我都沒有。我心裡就想著趕緊把學業完成，結果，四年下來就把碩士和博士的課程完成了。當時我的博士論文的指導老師對我說：「像你這樣子，能夠四年就完成碩士和博士的，這麼快速，在我們大學裡，你還是第一個。」因為在美國唸書，碩士大約是

兩年，博士也要四到五年，共得六、七年的時間，但是我四年就完成了，所以很快速。為什麼？因為別人一個禮拜是五天工作制，而我是七天工作制，沒有休息。當然除了工作，還要鍛鍊身體。因為《孝經》上講得好，「身體髮膚，受之父母，不敢毀傷」。不能夠說你光顧著學習，專心著工作，把身體都弄垮了，那也是不孝。身體是成功的本錢，也是事業的本錢，也是報恩、報效父母的本錢。我們當時考博士資格考試，從早到晚考下來得九個小時，有人考得都暈倒了，如果沒有很好的身體，那怎麼能夠完成自己的學業。

這讓我想到很多年前，我看到一首詩，講母親的愛。這首詩用很樸實的語言給我們講了母親的愛是如何的，「我們也愛母親，卻和母親愛我們的不一樣。我們的愛是溪流，母親的愛是海洋。我們的歡樂是母親臉上淺淺的微笑，我們的痛苦是母親眼裡深深的憂傷。我們可以走得很遠很遠，卻總也走不出母親心靈的廣場」。確實，當我出國留學的時候，就深深地體會到，不管自己走到天涯海角，雖然跟母親遠隔重洋，卻也走不出母親心靈的廣場，所以跟母親的溝通從來沒有間斷過。在出國留學的時候，這四年當中，每一年我都必須回國探親，探望父母。雖然經濟生活不富裕，但是也會買很多禮物，從美國帶回來分享給父母。我跟父母的這種溝通，沒有因為時空的轉換而中斷。雖然遠隔重洋，但是母子的心卻沒有中斷過。

不僅要跟父母常常溝通，常常交流，這樣就不會有代溝。而我們知道，我們的父母之上又有父母，一直追溯到我們遠古的老祖宗，我們說，我們都是炎黃子孫，我們本來都是一家人。那我們想想，我們跟自己的祖宗有沒有代溝？如果有代溝，這也是不孝，孝就沒有了。我們有沒有跟自己的老祖宗常常交流？如何交流？老祖宗都不在了，古聖先賢他們也都不在了，怎麼交流？讀古聖先賢的書，傳承我們中華民族的文化，這就是跟我們老祖宗在交流。我們中華民族的文化是世界上最優秀的文化，它是經得起歷史的考驗

的。我們看四大文明古國裡面，四大民族的文明，真的只有中華民族的文明才是歷久彌新的。其他民族的文明要不就沒落了，要不就消失了，要不就是轉型了，中華民族的文明就像老酒一樣，愈留得久是愈香醇。

所以我們作為年輕的一代，新中國的一代，能不能夠很好地繼承中華民族老祖宗的這些文化道統，這是最關鍵的。如果不能繼承，我們就愧對老祖宗，是民族不孝之子。你看國務院總理，溫家寶總理，在西元2001年訪問美國的時候，在哈佛大學有這樣一個演講，他演講的題目是「把目光投向中國」。在演講中，他講到：「中華民族具有極其深厚的文化內涵，人類正處在社會急劇大變動的時代，要回溯源頭，傳承命脈。」

所以我們想，今天我們一定要傳承我們中華民族文化的命脈。一個民族假如失去了它的文化，失去了它的道統，這個民族就缺乏了靈魂。這我們怎麼能夠面對我們的老祖宗？所以，真正傳承中華文化，這就是孝，是每一個人都必須負有的責任。而中華文化確實是幾千年來經過歷史證明了的，它真的能夠幫助我們構建和諧社會，構建和諧世界。不僅能夠幫助中國，也能夠幫助世界。所以，真正能夠把中華文化復興、推廣，確實構建和諧世界不是難事情。

古人講：「天下興亡，匹夫有責。」一個世界和不和諧，可以說真的是每個人都有責任。從哪裡做起？從我做起。我自己能夠好好地學習、實踐中華道統（古八德和現在意義上講的八德，就是八榮八恥），能夠這樣去落實，能夠這樣實踐，這就是我們每一個人「匹夫有責」，每一個人的責任，每一個人都去做，所以和諧世界可以從我做起。而要從我做起，首先我們要有這個心，要有傳承中華道統的心，要從我心做起。

即明瞭道，明瞭德，我們談回來，現在看八榮八恥，這是恢復大道、和諧大道的方法。如何落實？須從孝道入手。今天後學就試著把八榮八恥來結合孝道，結合我們中華的道統來給大家加以闡

述。看看是不是八榮八恥應該從孝道入手？是不是可以從孝道來落實？八榮八恥，不是一個口號，它是可以落實的。好，那我們一個個地來進行分析闡述。八榮和八恥，這是對立的兩面。八榮的反面就是八恥，所以我們以八榮來談。

第一，以熱愛國家為榮。如何落實？熱愛國家是我們古人所講的忠，忠誠於國家。不僅要忠誠於國家，我們現在知道，這個世界已經縮小成地球村了，你光顧著自己一個國家也不行。只有自己一個國家和諧，其他國家都亂糟糟的，你這個國家也不能安寧，所以還要和諧世界。《孝經》上講：「君子之事親孝，故忠可移於君。事兄悌，故順可移於長」。《孝經》確實是一個非常難得的經典，孔老夫子精神都在裡面展現。不是孔老夫子自己的精神，孔老夫子自己說是「述而不作」。他所敘述的都是古聖先賢的道理。孔老夫子自己說：「吾志在《春秋》，行在《孝經》。」孔老夫子的志向都在他寫的《春秋》這本書裡面，可是孔老夫子的行持，孔老夫子的實踐就在《孝經》。這是他自己說的。那如何實踐熱愛國家？要從在家裡侍奉雙親做起。所以君子在家裡，能夠孝順父母雙親，對父母雙親養成一種恭敬、真誠的態度，養成做事認真負責的精神，用這種心來對待自己社會上的工作，那當然就是忠誠了。古人的君就代表我們現在的國家，就能夠熱愛國家，就能夠熱愛世界。「事兄悌，故順可移於長。」就是對自己的兄長，對自己的尊長能夠恭敬，那麼在自己的工作職位上，當然也能夠恭敬長官。

《孝經》上還講：「君子之事上也，進思盡忠，退思補過。」所以做一個正人君子，在自己家裡能夠孝順父母雙親，拿這個孝心去對待自己的工作，做到了「進思盡忠」，就是出來工作，為社會和國家服務，能夠盡忠，忠於職守。當他不工作的時候，譬如說退休了，或者是暫時沒有工作的時候，他會思考如何去彌補自己的過失。不斷地改過，不斷地上進，以備將來國家人民之用。這是忠誠。這忠誠從哪兒來？就是從孝做到的。他在家裡就養成這種孝

心，以這個孝心去對待社會工作。

　　這裡跟大家講個故事，是《二十四孝》裡的故事。

　　在漢朝時代，有一位皇帝叫漢文帝，漢文帝侍奉他的母親，非常地孝順。漢文帝原來不是太子，本來沒有輪到他做皇帝，但是後來，因為他的這種孝德，群臣都把他推選為皇帝。他在沒有當皇帝之前，他的母親，薄太后（她原來不是太后，而是個嬪妃）患了病，這一病三年不起。當時漢文帝就日夜侍奉在床前，親自給他母親熬藥、端藥，給他母親吃藥之前，還要自己再嚐嚐，看看藥是不是太熱了，或者是太苦了，或者是熬得不夠火候，照顧母親非常細心。母親跟他講，宮裡這麼多宮女，你就別這麼辛苦了。漢文帝就跪下來對母親說，母親對我的養育之恩，恩重如山。如果現在不讓孩兒為母親盡孝，那什麼時候還有這種機會？你看漢文帝這種純孝之心，當時感動了文武百官，後來把他推選為皇帝。

　　漢文帝真正做到了《弟子規》上所講的，「親有疾，藥先嘗；晝夜侍，不離床」。父母雙親有病的時候，侍奉在床前不離開。漢文帝當時侍奉母親三年，日夜不解衣帶。有這樣的純孝之心，等他做了皇帝了，當然就能夠做到熱愛國家，服務人民。

　　《論語》上講到，「為政不在多言，己身正，不令而從」。就是講當官的、做領導者的，怎樣管理好自己的工作、管理好自己的這些下屬？如何治理這個國家、地方？不需要多言了，自己做得正，下面的人他就能效仿你，向你學習。所以你看漢文帝當時這樣孝順他的母親，所有的文武百官，所有的天下老百姓看到了，他就會自然地效仿。因此，要構建和諧社會，不是難事。領導人帶頭，這就好辦了。當時漢文帝治理的天下，真是天下和順，長治久安。他所治理的天下開創了歷史上著名的「文景之治」，這是一段非常好的歷史時期。《孝經》上講，「是以天下和平，災害不生，禍亂

不作，故明王之以孝治天下也如此」。天下能夠得到和平，我們說的和諧世界，風調雨順，國泰民安，怎麼做到？你看歷史上這些明王，就是開明的君主，開明的領導人，他用什麼方法？就是用孝來治理天下。自己帶頭行孝，而能夠以孝勸化世間人民。把孝移到工作上就是忠，把孝移到社會上，就是使人人相親相愛，所以能夠使天下大治。

好，下面我們來分析一下，你看第二條「榮」，八榮八恥第二條：以服務人民為榮。服務人民，也是以孝為基礎的，也得要從孝來入手。孟子說得好，「老吾老，以及人之老；幼吾幼，以及人之幼」。人民的兩頭就是老人、孩子。怎麼樣對待他們？要像對待自己的父母、老人一樣，用一顆恭敬、孝順的心，用這個心去對待社會上所有的老人、所有的年長者。能夠像關愛自己的晚輩一樣，以這種存心，去關愛社會上所有的晚輩，也就是比自己年幼的人。就是「老吾老，以及人之老；幼吾幼，以及人之幼」。這就是服務人民。

在河南省杞縣這個地方，有一個人他的名字叫李世同。他在家裡是個孝子，非常孝順父母。他就能夠用對待父母的這顆心對待其他老人。他在杞縣這個地方，經常義務去做考察。他在杞縣裡十幾個村去考察的時候，發現很多家裡的老人都沒有得到兒女的贍養。他統計，在家裡老人家還要靠自己養活自己的有70%，真正靠兒女贍養的老人只有10%。還有20%的老人一半靠自己，一半靠兒女。他就覺得，這樣是不應該的，兒女應該去贍養老人，所以他就義務的到全縣各個村去做報告，做提倡敬老愛老活動的報告。根據統計，他做了三百多場的報告，直接受他教化的有七萬多人。另外他還組織了義務的工作人員，來成立敬老愛老協會，能夠成立一些團體來幫助老人解決生活的問題，解決很多困難，而且幫助協調家裡的糾紛，他自己親自協調的家庭糾紛案件就有二百多起。你看他

都是義務去做的，他不是為名，不是為利，是什麼為動力？就是他這顆孝心，他對父母具有這種孝心，用這個孝心，他就會對待所有老人都能夠愛敬。所以，大家都把他稱為老人家的貼心人。這是做官的，這個官不大。他就能夠帶頭樹立孝道的風尚，構建和諧的社會，這是服務人民。

《孝經》上講：「愛親者，不敢惡於人。敬親者，不敢慢於人。」對待自己的父母雙親能夠孝，能夠愛，他怎麼會對別人不愛不敬？他不敢去厭惡別人，他自然就會提倡敬老孝老。所以，孝心和服務人民的心是一個心。對青少年，從小就要培養他這種孝德，長大了熱愛國家、服務人民自然能夠做得到。

在市面上我們看到有一種中藥叫作「念慈菴」，「京都念慈菴川貝枇杷膏」。大家都知道。這個枇杷膏的來歷，大家曉不曉得？念慈什麼意思？就是念著自己母親，母親叫家慈，就是念著母親的恩德。這個故事發生在清朝。在清朝，有一個縣官叫做楊謹，別人都稱他叫楊孝廉。孝就是孝順的孝，廉就是廉潔奉公的廉。因為這個人對自己母親非常孝順，所以人們都這麼稱呼他。他父親很早就去世了，母親撫養他，含辛茹苦把他帶大。而且他母親出自名門，很懂得教育，所以這個孩子也很有道德。古人選拔、任用人，主要是看這兩條，一條就是孝，一條就是廉。我們曉得，做官的人，如果他有孝有廉，他做官就不可能有什麼差錯。他有孝道，在家裡孝順父母。凡是孝子，他出去做官就是忠臣。因為孝這個心和忠心，它是一個心，不是兩個心。他對國家、對人民能夠忠誠，而自己又能夠廉潔，我們說勤儉節約、生活儉樸，因為他的孝，因為他的廉，別人就推舉他做縣官，選拔他做領導。他很廉潔，生活也非常地儉樸。在歷史上都有對他的記載。他的母親由於從小將他撫養長大，吃了很多苦，所以是積勞成疾，就患了一種咳嗽的病。一天到晚咳不停，很辛苦，到五十多歲的時候患了這個病。結果楊孝廉就到處去找醫生，找藥，為他母親治療，就是怎麼都治不好。後

來聽到一位神醫叫作葉天士，醫術非常高明。於是他就不遠千里把葉天士請到家裡，請他為母親治療。結果葉天士一看他母親頑咳這個病症，就知道也不是一天、兩天能夠治好的，於是就給她開了一個藥方，就是川貝枇杷膏這個藥方。把這個藥方告訴他，說這個是蜜煉，用蜜糖、川貝、枇杷按著藥方去熬，製成膏，讓他母親經常去服用。那麼慢慢的，她這個病就能夠調理好。後來他母親吃了這個藥，病真的就好了。五十歲患了這個病，但她的壽命一直到了八十四歲。他的母親也是非常有愛心的一個人，她在臨走的時候，就對自己的孩子說，「我五十多歲患了這種頑咳的病，幸好葉天士為我開了這個藥方，給我治好了。對我來說，這是再生的恩德了。現在很多的人，都像我這樣患了這種病。你要把這個藥方推廣，而且應該多做點這些藥，廣泛地去佈施，去幫助治療那些患病者。於是楊孝廉就謹聽母親的這個遺志，把這個藥方大力去推廣，而且製這個藥膏到處去佈施。結果很多人都上門來求藥，絡繹不絕，後來他就開了一個店面，專門從事這個藥的研製。這就是我們現在看到的「京都念慈菴川貝枇杷膏」。當我們咳嗽的時候，喝一勺的時候，就能夠體會，當時孝子對他母親這種報恩的心情。

你看，楊孝廉這個人真是孝子。他不僅能夠對他母親孝順，而且能夠以他母親的志向為自己的志向，大力地去推廣這個治病救人的藥方。我們現在看到「京都念慈菴川貝枇杷膏」的包裝盒裡邊還附著藥方的全部介紹。因為他有家訓，藥方一定要公開，廣利世人。這是很值得我們學習讚歎的。你看現在這些製藥的公司，或者是有些什麼研製的新發明、新成果，就申請專利，還要把這個專利權保護得好好的，不讓人家知道，不能夠廣泛地利益大眾，不像京都念慈菴這個公司，他把藥方公布出來。

《孝經》上講得好，「不愛其親而愛他人者，謂之悖德。不敬其親而敬他人者，謂之悖禮」。剛才講的李世同和楊孝廉，他們都是人民愛戴之人，都是真正服務人民之人。他能夠這樣的對人民

愛戴，去用心服務，基於什麼心？就是他的孝心。假如沒有這個孝心，他好像對人服務得很恭敬，這是很可怕的事情。特別是在公司，很恭敬自己的上司，很恭敬自己的老闆，或者是在政府裡面，或者在機關裡面，都很恭敬長官，但是在家裡都不恭敬自己的父母，這種人我們叫作悖德，違背了道德。為什麼？他那種恭敬是假的，不是真的。對自己的父母都不恭敬，父母養育之恩這麼深、這麼厚，他都不恭敬，他會恭敬長官，這會是真心的嗎？所以，怪不得古人選拔接班人、選拔官員，都以孝廉作為標準，這是最有智慧的。因為他真正對父母孝，他才能對國家、對上司忠，這是真心。如果是兩個心，對父母不孝，對長官忠，那是二心，那是假的，不是真心，真心是一個心。

我們談到選拔接班人，提拔官員是如此。其實在社會上交友，年輕人選擇對象都是如此。譬如說現在年輕人選擇對象，一個女孩子，假如說一個男孩子追求她，這個女孩子長得很漂亮，工作也很穩定，這個男孩子就每天給她獻花，對她百依百順，甚至晚上如果要吃消夜的話，過了午夜，她的這個男朋友都能夠把消夜送上門，對她是很體貼的。但是你要去看看的話，假如他在家裡自己的父母都沒獻過花，都沒做過消夜的，那就要小心了。他怎麼會對你這樣的體貼？有求之心，一定是有所圖之心。大概圖什麼？你長得好看，你長得美，這是利害之心。建立在利害基礎上的婚姻不穩定。真正的婚姻，一個家庭要美滿，要建立在什麼基礎之上？建立在恩義的基礎之上，建立在恩義、道義、情義基礎上的婚姻才能夠天長地久、白頭偕老。建立在利害基礎上的婚姻，等到哪一天你年紀大了，長得不好看了，這利就不是利了，那就反而成為害了，那就麻煩了。所以我們說構建和諧社會，能不提倡這個倫理道德的教育嗎？夫妻也是家庭，是最小的一個家庭單位。家庭能夠和諧，社會才有和諧的根基。

好，接下來，我們再來看看八榮八恥第三條：以崇尚科學為

榮。科學跟孝道有什麼關係？有關係，我自己也是做學術、做科學的人。因為我在世界比較著名的期刊裡面發表的論文也有一定數量，可以說在我們年輕的這一代裡面，做學術的比其他同輩都要有更多的成績。在世界上，美國、亞洲的這些金融研究學術會議上，我也經常獲獎。昆士蘭大學的商學院，在澳洲排名第一，在亞太地區排名第六，也是很好的學校。他們去年也破格提升我做終生教授，我在學校裡是非常少有的一位華人教授。

大家看我是中國人，也是另眼相看。今天能夠有這樣的一點點學術方面的成績，我們培養這樣的一種治學的態度、科學的精神，回想一下從哪裡培養？其實也是從孝順父母開始培養。

我記得我小的時候，小學三年級就學會做飯了。因為當時我父母工作，下班回來，還要做飯。我看到他們挺辛苦，就想到自己能夠為父母做點什麼，我也是很幸運的，生活在這樣一個家庭裡面，我的父母非常孝順他們的父母，就是我的爺爺奶奶、外公外婆，所以從小有潛移默化的影響，就懂得要學著能夠為自己父母分擔一些家庭的家務。所以上了小學，我放學回來早，看到父母做飯，就學會做飯。有一天父母下班回來，我已經把一桌飯菜都做好了。然後等候在家門口，看到父母來了，向父母鞠了一個躬，說：「爸爸媽媽飯菜已備。」當時父母看到已經擺在桌子上的飯菜，很高興，拍著我的頭：「好孩子！」你知道嗎？對一個小孩來說，做一頓飯也不是容易的事情。做飯它也要講求程序的，什麼時候配料，下多少油鹽醬醋，火候都要去掌握，訓練一種邏輯思維。後來我看了個報導，說在家裡做家務的小孩，他的學習成績會更好。他的頭腦更聰明、更敏捷，他的思維能力更強。原因是什麼？因為他在做家務的時候，他已經在培養這種邏輯的能力，這種思考的能力。做飯也要控制好各種程序，要不然做飯也不好吃。火候不好也不行，就得有科學精神。所以從小就能夠培養這種治事的態度，後來從事學術的研究、從事科學研究，也是用這種同樣的思維，慢慢去進行深化而

已。

《孝經》上就講得好，「事父孝，故事天明」。古人觀察天象，觀察四季寒暑，來決定他一年的事情，包括耕作。從哪裡做起？《孝經》上說「事父孝」，對父母孝順，做事情就一定很仔細。單看做家務，觀察入微。他就能夠觀察天象，也能夠觀察細緻入微。古人講天文，天文就是科學。「事母孝，故事地察」。古人是以農耕為主，所以要懂得大地這個規律，才能夠知道哪些地、哪些氣候種植什麼植物，這是地理。從哪裡做起？也是透過侍奉父母，來培養自己仔細觀察、認真工作的態度，這是科學精神。「長幼順，故上下治」。一個家庭裡，長幼輩都能夠和順，出外工作跟長官就能夠和順，國家也能夠得到治理，這是人文科學。你看，天文地理是自然科學，還有人文科學，統統要從哪裡開始做？從孝順父母開始。記得我們的大物理學家楊振寧，是我們華人裡面少有的幾位獲得諾貝爾獎的科學家。他在他的傳記裡說，他的父親對他影響很大，父親從小教他讀《孟子》，他就按照父親的這種指導，去念《孟子》，孝順他的父母。後來他自己的治學，他說自己整個人生的事業，對他影響最大的就是他父親的教導，就是對《孟子》這本書的學習。這是孝養父母之志，楊振寧是做到了，所以他成為了大科學家。

今天因為時間的關係，我們把八榮八恥怎樣落實，從孝道來入手，我們先談到這裡。

剛才我們談到「八榮八恥」要從孝道來落實，每個人真正能夠把孝道落實，孝順父母，真的就可以對構建和諧社會，構建和諧世界貢獻我們的一份力量。古人講：「修身、齊家、治國、平天下」，平天下就是現在講的和平天下，和諧世界。從哪裡開始？就從我國做起，治國，使得國家能夠得到治理；要從我家做起，家庭能夠和諧，對和諧世界貢獻一份力量；還要從我做起，再深一步，

要從修身做起。我能夠修身立德，能夠孝順父母，就能夠感化家庭，就能夠感化我們社區，繼而能夠感化國家，乃至天下。

修身要從哪做起？古人講的「格物致知，誠意正心」。所謂「格物」，就是要革除自己的物欲，「致知」就是能夠使得我們的智慧本有的良知良能得到啟發。「誠意正心」使得意念真誠，使得心地純正，這是修身的根本。所以和諧世界從哪做起？從我心開始。如何去落實？從培養我們的孝心開始。我們現在談八榮八恥，無非都是從孝心開始做起。

下面我們來看八榮八恥的第四條：以辛勤工作為榮。《孝經》上講到「用天之道，分地之利，謹身節用，以養父母」。古人因為是以農耕為主的社會，所以農民是人口的大多數，他們能夠「用天之道，分地之利」，就是隨順天時進行耕作，在大地上能夠種植這些果實，種植五穀蔬菜，然後能夠自己謹身節用，能夠很勤儉，辛勤的工作，能夠豐豐富富地奉養自己的父母。為什麼人會辛勤工作？因為他有奉養父母這顆心，所以他辛勤工作就有動力。

記得我去美國留學的時候，因為家裡經濟並不富裕，沒有什麼錢。我到美國學習成績還算比較不錯，所以有全額獎學金，獎學金足夠自己的吃住，我也是省吃儉用。我們的獎學金還要包括對自己的研究教授進行每週做助理的工作二十個小時，當時我接受了這個工作，為自己的教授去服務、去工作。我的教授是一個非常嚴厲的人，因為他是美國一個比較著名的經濟學家，發表的論文很多，一百五十多篇論文。他要求學生非常嚴格，所以跟他在一起，要非常努力地去工作才能夠達到他的要求。譬如說他總是給你一些工作，那你接了工作以後就會去問：「老師，這個工作成果你什麼時候需要？」教授就會說：「我昨天就需要了。」換句話說，你就別問了，趕快去做吧。他的工作量很大，雖然我們名義上規定是每週要服務二十個小時，可是他的工作量，一週沒有四十小時，你是完成不了的。他對人也是很少誇獎，基本上是沒有什麼讚揚，哪怕你

工作做得再好，他也不讚揚，因為本來就應該是這樣的。我就跟著他辛勤工作。後來因為工作認真，所以他交代的工作量，原來四十小時才完成，慢慢效率提高了，三十小時就能夠完成，後來二十小時就能完成，再後來我十個小時就能做完。效率愈來愈高，技術能力愈來愈強。跟他主要是做一些模型的建立，還有資料的統計檢驗等學術方面的這些研究。跟他在一起，四年下來，在他的這種非常嚴厲地要求下，四年很快地就完成了學業，比別的同學都快很多。

完成以後，當然我們唸完博士要出來找工作的，一般都是去大學裡找教授的職位。找工作最重要的就是自己導師、教授的推薦函，當時這個教授我還不敢請他寫推薦函，因為他太嚴厲，寫得不好不就糟了，結果他很主動來幫忙。這四年跟導師在一起，他沒有讚美過我一句話，結果沒想到，這四年讚美，他全都寫到推薦函裡了。他說，我是他二十五年學術生涯裡面見到的最優秀的學生，說我在這四年求學期間所做的學術成果，可以跟一個有多年教學經驗的教授進行媲美了。他這樣寫推薦函，那找工作是易如反掌了，結果很快美國兩家大學就給我聘函，請我去教書。當時我二十六歲。後來我去德州大學任教，在那個大學裡成為最年輕的老師，還是一個中國人，所以我自己也覺得挺自豪。

回想走過來的路，辛勤工作確實收到了比較豐碩的果實。辛勤工作的動力根源何在？還是希望能夠早日把學業完成，報答父母的恩德。我當時拿這個獎學金，每個月是八百美元，當然吃住是夠用。我省吃儉用以後，每個月省下來三百美金我給父母寄回來，來奉養他們。剩下的五百美元怎麼用？除了自己的吃用，還有學費、書費，累積下來的錢每年買飛機票回來探親一次，買禮物帶回來供養父母。另外打電話，當時電話費還挺貴的，現在電話費都降下來了，打電話一個月也是用好多錢，因為我打電話都忘了時間的，跟我爸爸媽媽聊天起來都沒完。所以很多人都笑我，你的獎學金不錯，你累積下來都可以買一輛車了。因為他們當時看到我每天都騎

一輛比較舊的自行車去上學，還頂著風雨，就說，「你買部車，二手車也不貴」。我沒錢買車，因為錢是用來報答父母的，怎麼可以亂用？所以雖然我沒有車，但是我覺得心裡很踏實。雖然跟父母遠隔重洋，可是這四年當中沒有分開過。後來博士畢業，教書了，我就把母親接到美國跟我一起住，也就主動承擔起對我父母、對我爺爺奶奶（我爺爺奶奶還在）的生活費用，全部承擔起來。我是家裡的獨生子，這個責任責無旁貸。所以辛勤工作真的還是要以孝心作為根基。

下面我們看八榮八恥第五條：以團結互助為榮。團結互助也是要從一個家裡開始。《弟子規》上講得好，「兄弟睦，孝在中」。兄弟姐妹能夠和睦，團結互助，父母看了多高興，這就是孝養父母。如果兄弟姐妹不能夠團結互助，讓父母操心，讓父母憂慮，孝從哪裡來？團結互助，假如真正有孝心的，家裡就能夠團結互助，而團結互助的心養成一種習慣，到了社會上你就能夠跟每一個人能夠團結互助。

《孝經》上有這樣一段話：「治國者，不敢侮於鰥寡，而況於士民乎？故得百姓之歡心。治家者，不敢失於臣妾，而況於妻子乎？故得人之歡心，以事其親。」一個治國的人，如何治理國家和地方？你看他能夠不侮於鰥寡，鰥寡就是我們現在說的孤獨老人。鰥寡孤獨的老人，都不會欺侮他們，還是這樣地敬愛他們，更何況說對士民呢？士就是我們現在說的讀書人，民就是一般老百姓。也就是說，對於所有的大眾都能夠做到團結互助，這樣子就能夠得到百姓的歡心。一個領袖能夠得到民心，就是好的領袖。「治家者，不敢失於臣妾。」一個家長，他在家裡，如果是大家族，古代是大家族，臣妾都有，臣妾現在一般很少了，這說的是什麼？晚輩。晚輩、小孩，都不失信於他們，更何況說對自己的平輩和妻子？能夠得到家人的歡心，才能使父母雙親高興，這是「以事其親」。所以你看，團結互助，在家裡做到了，一家和諧；在地方、一個社區團

結互助，一個社區、地方和諧；一個國家做到團結互助，則一個國家和諧；世界各個國家都能夠團結互助，這世界就和諧。現在美國佔領伊拉克，如果是多點援助給他們，少點打仗，這不就和諧了？從哪裡開始做起？團結互助從哪裡培養？就是孝。

下面看八榮八恥以誠實守信為榮這一條。誠實守信是做人最基本的一個道德。古人講：「人無信則不立，言而無信不知其可也。」人沒有誠信，就真的是不知道該怎麼辦了。

《孝經》上講人為什麼能夠誠信？這是因為他有一顆孝心。不誠信的人讓父母蒙羞，怎麼能說是孝？《孝經》上講：「非法不言，非道不行。口無擇言，身無擇行。言滿天下，無口過。行滿天下，無怨惡」；「非法不言，非道不行」，就是不是正道、不是符合法律、不是符合道義的話，我們就不講，這些事情我們不做。真正一個孝子，他不可能做出危害國家、危害人民的事情，不可能說詆毀國家、詆毀民族的話。如果他會這樣說的話，我們知道他不可能是個孝子，因為古人講孝子不可能犯上，孝子一定是對國家、對人民忠誠的人。「口無擇言，身無擇行」，就是從他的言語當中，你挑不出來他的毛病；從他的行為當中，你看不出他的過失，也就是我們說的完美人生。所以他的言語、他的教化，布滿天下都沒有錯誤過，沒有過失。他這些腳印走遍天下國家，人民也發現不了他有不好的事物，都不會跟人家起怨恨。這是誠實守信做到了極致。

從哪裡做起？還是要從孝道開始。整個《孝經》都是教我們如何行孝。所以說八榮八恥，我們從《孝經》裡都能夠找到答案。和諧世界，《孝經》裡「開宗明義第一章」就教我們如何和諧世界，把古聖先王的治德要道就已經和盤托出，以孝來治理天下。所以我們應該多點從我們古聖先賢老祖宗的智慧當中去吸取營養，這樣做起事來就方便、容易得多。

《孝經》上說：「修身慎行，恐辱先也」。一個人要做到誠實守信，落實八榮八恥，因為八恥講的是人不好的行為，如果做不

好的行為，父母就會蒙羞，讓我們的祖先都受辱沒，一個真正的孝子不會做那些事情。為什麼？他自己能夠修身，能夠謹慎自己的言語行為，為的就是怕影響自己的門楣聲譽。你看我們作為留學生，出去外面留學，作為海外學子，出去外面就有很深的感受，因為我們這張臉，一看就是中國人的臉，出去外面，你的言語行為表現不好，就會讓國家人民蒙羞，所以「修身慎行，恐辱先也」。我們海外赤子就有很深的體會，如果我們的行為言語讓人家看不起，不守信用，不講禮貌，不守法律，違背道德這些事情做出來了，別人不是說「你」，而是說「你們這些中國人」，所以真正有孝心，他不辱沒自己的父母先人，出到海外也能夠不辱沒自己的國家和民族，這都是孝心。

　　接下來就是以遵紀守法為榮。我們說遵紀守法，就是遵守紀律、法律，不但紀律、法律要遵守，乃至社會規範、倫理道德、社會公約、一切制度，乃至家有家法，公司機關都有它的紀律，這些統統都要遵守。在《論語》裡面有這樣一段對話：魯國有位大夫叫孟懿子，他也是孔老夫子的學生。有一天，他問孔老夫子如何去行孝？因為孔老夫子對孝是最重視的，孔老夫子怎麼回答的呢？就用兩個字「無違」，就是不要違反的意思。不要違反什麼？就是所有的紀律、法律、社會道德、禮儀規範都不能違反，也就是我們現在說的遵紀守法，這是孝。如果不遵紀守法的，可以說是「德有傷，貽親羞」。父母都害羞了，沒臉見人了，怎麼能說是孝道？更何況《孝經》上有這麼一句話說得好：「五刑之屬三千，而罪莫大於不孝。」五刑就是古代的刑法、法律，有三千條，當時孔老夫子的時代，三千條法律裡面，最大的犯罪是什麼？罪莫大於不孝。所以孝是遵紀守法的根基。而最大的罪過，古人認為就是不孝。不孝父母的人，他什麼事都敢做！父母養育之恩這麼重，他都不思報答，他能報答國家、人民的恩德嗎？他完全是自私自利的企圖，他什麼事都做得出來，他怎麼能夠遵紀守法？

在西元2004年十月的時候有這麼個報導，有一位律師叫李宗發，他提交了一份《孝法》的立法草案建議書，這是為孝道立法。他說現在的法律裡面對於孝道規定得非常少，《憲法》裡面簡單地規定說子女有贍養父母的義務，就是這樣非常籠統地講了一句話。《婚姻法》裡面也有簡短的一些提示，但是都不詳細。所以李律師說應該為孝單獨立法，把孝道提升到法律的高度，整個國家來推動實行孝道。為什麼？「教民親愛，莫善於孝」，我們現在要構建和諧社會，最好的方法就是教孝，而不孝父母的，那是違法，要制裁。古來都是這樣子，古人對不孝子要懲罰，譬如說古人有一種「親權處分」，父母親假如說到衙門去告自己的兒女，說他們怎樣不孝，虐待自己，衙門裡的縣官知道了，馬上就把這個不肖子抓來制裁。為什麼？你這個孩子對自己父母都不孝，你會是怎樣的人？你能夠對社會對國家有什麼貢獻？對父母都不肯做貢獻的人談什麼熱愛國家，服務人民？所以就得要制裁他，來警誡他，不能夠再犯。

我這裡摘錄一段記者的評論說：「人孰能不老？百事當以孝為先。但隨著經濟的不斷發展，我們不得不承認，對利益的追求正不斷地衝擊人們原有的道德觀，包括孝道在內的傳統美德，也漸漸遭到一部分人的淡忘。這位律師振臂而起，建議為孝道立法，試圖讓這一傳統美德得到法律的保障，這無疑是一種新的探索，使孝道這一種美德能在社會上得到普遍的遵行。」我也有一個夢想，夢想這個孝法如果能真正把孝提升到法律的高度，把孝行用法律去保障，對不孝的行為用法律加以制裁，能夠正民風，這會對構建和諧社會產生非常重要的積極作用。

下面我們來談談八榮八恥的最後一條：以艱苦奮鬥為榮。人能夠艱苦奮鬥，確實要建立在他的孝心基礎上。《孝經》上有這麼一段話：「在上不驕，高而不危。制節謹度，滿而不溢。」用這句話看看我們現在的社會，確實挺適合的。我們現在的社會有了很大的

進步，國家的經濟水準連年高速發展，人民也慢慢開始富裕，艱苦奮鬥一定要再多提倡。

《孝經》上說：「在上不驕，高而不危。」這是講富貴人家，身居高位的人，包括官員、領袖，能夠身居高位而不驕慢，不驕傲自滿，不會以為自己很了不起，反而是非常謙虛，虛懷若谷，這樣雖然身居高位他也不會有危險，因為他時刻都是想著為國為民服務。假如自己不能夠做到廉潔奉公，艱苦奮鬥，那何談為國為民服務？說不定自己官位都不保，就有危險了。

「制節謹度，滿而不溢」，這是講富裕人家還能夠堅持節儉樸素這種生活。一天吃三餐，你再富貴，不也是吃三餐？你還能吃多少？所以吃的只要是衛生、健康的食品就很好了。所用的要節儉，「制節謹度」，都能夠節儉的過生活，多餘的能夠幫助這個社會，這樣就能夠「滿而不溢」。你看，我們在此地錄影，這位陳總，她就是經營自己的公司，就能夠把自己多餘的錢拿來貢獻社會。她義務地為我們做這樣一個錄影，推動道德倫理的建設和教育，這樣「滿而不溢」，它不會溢出來，這個富貴才能得到長久。如果富貴了而不回饋社會，那些窮苦的人看到你都瞪眼睛，心裡不平，遇到什麼時候你家裡要是著火了，他們說不定就在旁邊拍掌說：「燒得好！」因為什麼？一家飽暖千家怨，一個家庭如果是富貴了，而不能幫助窮苦的人，那當然窮苦的人心裡就不平衡。

現在的國家也是如此，雖然在沿海的城市很多都富裕起來了，有一部分人先富起來了，先富起來的人應該幫助還在貧困中的這些人。還有很多的社會人民群眾生活還是非常地艱苦，要多去做扶貧，多去做扶教，推動教育、醫療這些事業，這就「滿而不溢」。

在《孝經》上又講，一般平民老百姓也要艱苦奮鬥，講「謹身節用，以養父母」。自己能夠很好地過一種勤儉的生活，多出來的，就能夠去孝順父母。我記得當時我在美國留學的時候，當時生活也是比較簡單。我記得從家中帶去一條毛毯，雖然是在美國南

方，但是冬天還是比較冷，也會下點小雪，冬天就蓋這條毛毯，不捨得買棉被，把錢省下來，希望能夠多點錢供養父母。所以當時過冬的時候，我只用一張毛毯，非常冷的時候，就把自己所有衣服都蓋上來。再冷的時候，把書本都壓上。冬天，我們幾位留學生希望能省點電，連暖氣都不開。記得剛到美國留學的時候，不捨得買鍋和碗具。有一個同學畢業了，用了好多年的一個快鍋，上面的快閥都沒有了，已經不快了，他送給我，這個鍋我一用就用了四年，炒菜做飯都是用它，就是這樣艱苦奮鬥。

當時我給母親寫信報告自己在這邊的學習生活，讓母親安心。我是這樣給我母親寫的，這是十年多之前，我在美國路易西安那州求學的時候，我跟母親說：「冬天的路易西安那州挺冷，我們這裡晚上大約都在零度以下，有一天早上起床，竟發現天上飄落許多雪花。目前是最冷的時候。我可以挺過來，並可省些錢，無需買棉被了。儘管冷，我仍然保持每週一兩次的冷水浴，在冷水浴時我可以鍛鍊自己忍耐。」使自己身體能夠健康。忍耐寒冷的感受，鍛鍊自己的意志。我繼續寫道：「我目前的學習生活都較單調，每日穿同樣的衣服，吃同樣的菜飯，走同樣的路，讀同樣的書。我盡量讓自己在單調中求單調，使躁動的心熄滅。我每日早晚警惕自己過著單調的生活，做至少七年的機器人，直至獲得博士學位為止。」

這裡插一句，我母親就希望我拿博士學位，所以我給自己規劃的時間是七年，因為通常碩士兩年，博士四到五年的時間，所以七年做機器人，也就是說過著單調清苦的寒窗生活，能夠盡快把學業完成。沒想到我四年就完成了。信上繼續寫：「因為我深深懂得，我來美國不是享受，而是在欠著父母的恩德，花著父母的血汗錢，若不努力讀書，天理難容。」

我們很多留學生出去海外留學，看到很多花花世界，求學和追求事業的心就提不起來了，甚至忘記了父母對他的這種期望。在留學生裡面，我們都有一句俏皮話：「一年土，二年洋，三年忘了

爹和娘。」留學生出去，原來土土的，後來就洋氣起來，把爹娘都忘掉了。為什麼？沒有艱苦奮鬥的精神，心裡面沒有志向，沒有報效父母，沒有報效國家人民恩德的志向。生活好像沒有目標，就被那些驕奢淫逸的生活迷惑了，他的學業怎麼能夠成就？他的事業怎麼能夠成就？就更談不上報效國家人民。信上繼續說：「所以我突然很喜歡寒冷的冬夜，因為在冬夜裡我才能體會頭懸樑錐刺股的精神，才能享受范仲淹斷虀畫粥的情景。這個星期五晚上下了一場凍雨，格外的冷，然而我的進取心卻比任何時候都強，我要以優秀的成績供養父母。媽媽，請您放心，您的兒子向您保證，向您發誓，我一定會孝順您，把孝順放在第一位，把事業放在第二位。」

當我母親接到來自遠方兒子的這封信，可以想像到她是非常地歡喜，因為她知道自己的孩子在那邊沒有墮落，還是一樣保持那種進取的精神，保持艱苦奮鬥、頑強求學的精神，所以我母親也感到非常安慰。我母親是很會教育孩子的，當孩子寫了這封信的時候，她能夠很快捕捉教育的機會。有些母親看了這封信之後，她第一個反應可能就是：「哎喲，你過冬連棉被都沒有，那不行，你趕緊買棉被，沒錢我給你寄錢。」現在很多留學生，像昆士蘭大學也有不少中國過去的留學生，家裡經濟生活也挺富裕的，父母給孩子的供養特別豐厚，孩子都不珍惜。我媽媽是這樣給我寫的回信，她寫道：「寒冷能使人如此理智和堅強！感謝路易西安那州的冬天，感謝清苦無欲的生活，它使人恢復性德之光！」諸位朋友，什麼是性德之光？就是我們的本性，「人之初，性本善」，本性就是純善，而孝就是天性，就是本善，就是開啟我們天性這個本善寶藏最好的鑰匙，所以它叫性德，本性原有的道德。

所以當我們能夠艱苦奮鬥的時候，確實能夠讓我們的性德之光得以開顯。我們說的八榮八恥，這是道德，此時應該特別提倡要加強未成年人、青少年的思想道德教育的建設，從哪裡做起？最好的入手處就是教孝道。

《孝經》上跟我們講：「聖人之教不肅而成，其政不嚴而治，其所因者本也。父子之道，天性也。」《孝經》上講聖人之教是可以幫助我們構建和諧社會，不用非常嚴肅的非常古板的這種教育就能成功，政治能夠不用很嚴厲，就能夠使天下大治。為什麼？這是因為他所用的是根本，「其所因者」就是所憑藉的、所依賴的就是根本。什麼是根本？和諧的根本在哪裡？人民百姓相親相愛的根本在哪裡？就是孝道。「父子之道，天性也」，我們說的這個五倫大道，第一倫就是「父子有親」，父母和子女的關係，這種親情它就是天性。能夠循著父母和子女這種親情的關係去教化大眾，就可以啟發大眾這種親情，啟發大眾相親相愛，啟發大眾熱愛國家、服務人民，啟發大眾團結互助、辛勤工作、艱苦奮鬥，八榮八恥就可以落實。

既然孝道這麼重要，我們如何去行孝？這個行孝也很有學問，古聖先賢對於如何行孝的道理講得非常多。在《孝經》上有這麼一段話：「孝子之事親也，居則致其敬，養則致其樂，病則致其憂，喪則致其哀，祭則致其嚴。五者備矣，然後能事親。」

這裡所說的如何行孝的五個方面，「居則致其敬」就是居住在家裡，要恭敬，假如對父母不恭敬，不可能做到孝。在《論語》當中，有個叫子游的弟子，他曾經問老師如何行孝，孔老夫子就跟他講，說：「今之孝者，是為能養。至於犬馬，皆能有養。不敬，何以別乎？」現在我們說孝道，現代人都是這樣理解的，就是養父母。所以你看，今年母親節的時候，我看報紙刊登了母親節對很多母親和兒女的採訪。很多兒女，問他們怎樣去行孝？他們都說以後賺大錢，將來買洋房、買名車給父母，他們以為這就是孝養父母，當然這個心是不錯。但是當這些記者採訪母親時，這些母親都沒有一個希望孩子將來為她買洋房、買名車的，卻有不少說：「我就希望我這個做老闆的兒子不要太忙了，能夠每個禮拜陪我吃一頓飯。」我們要知道父母需要什麼，我們按照父母的意願來順著他

們，去敬他們，這是真正的孝。如果是簡簡單單地說去養父母，拿錢給父母，這算不錯了，但是如果沒有敬心，孔老夫子就說得很不客氣：「至於犬馬，皆能有養。」你養狗養馬，這也是養，你如果養父母，沒有恭敬心，你養父母跟養狗養馬又有什麼區別？這怎麼能叫孝？

我記得我第一次留學回來的時候，我自己在這裡給大家講一段我自己的不好的故事，引以為戒。我當時第一次留學回來，一年多了，回來探親，因為生活都很節儉，所以養成了非常節儉的習慣，再加上我是學金融財務的，很會精打細算。當時在美國剪一個髮要十二美元，這樣需要好幾百塊錢。我就想，我們家旁邊的理髮廳，不到五十元就可以剪好了，那我不如把頭髮留到回國再剪。心裡就這麼盤算著回到家裡。

我母親因為一年多沒有跟我見面，知道我回來，當然很高興，在家裡等候。我是從美國經洛杉磯轉機，經香港回廣州。路程是一天多的時間，旅途上也是風塵僕僕，頭髮也長長的，像一個小乞丐一樣就回來了。到了家敲門，母親一打開門，就看到母親打扮得非常大方，非常的好，頭髮也都整理得很好。母親見到我回來了，就很高興，就告訴我說：「我知道你回來，昨天特別去理了髮。」當時我聽到母親這樣講，心裡非常地慚愧，對待自己的母親沒有真正生起恭敬心，而是把這個錢放在比恭敬父母更重要的地位。所以，你看母親對我很尊敬，她知道我回來，特意去整理髮型，而我自己心裡還在打如意算盤，把這個利放在比孝敬父母更重要的地位。每當我回憶起這件往事，就很慚愧。從今以後，我就凡是出遠門回來見父母，都會把頭髮整理得好好的，再也不會為了錢去精算。為什麼？這是孝敬父母。我們現在很多年輕人，他可以為去見異性朋友打扮得很好，他不惜花很多錢去打扮，但是見父母有沒有這樣的恭敬心？如果沒有這樣的恭敬心，那恭敬他的異性朋友都是假的，為什麼？「不愛其親而愛他人者，謂之悖德。不敬其親而敬他人者，

118

謂之悖禮。」對父母都不愛不敬者，這是違背了道德，違背了禮
儀，所以他的那個心不可能是真的。對父母不恭敬的，他不可能恭
敬長官。一個學生在家裡不孝敬父母的，他也不可能恭敬老師。所
以把敬心培養起來非常重要。一個人能夠在事業上有所成就，人生
才能夠有成功，其實跟他的恭敬之心有很大關係，他能夠敬業，才
能夠真正有成功的事業。這個敬從哪裡培養？從恭敬父母開始，
「居者致其敬」，住家就可以培養了。

　　我們看《二十四孝》裡面有這樣的故事。黃庭堅是宋朝的一
位大文人，也是一位大官，他對他的母親就非常孝順，雖然自己身
居高位，而且有很高的聲望，但是每天都親自給他母親洗尿器、尿
罐。因為他母親有好潔的習慣，很喜歡乾淨，假如洗得不乾淨，母
親心裡就有煩惱。黃庭堅就生怕家裡的傭人洗尿器洗得不乾淨，讓
他母親產生煩惱，所以親自洗。黃庭堅這樣小小的舉動，在家裡這
樣的孝敬父母，所以他才會有成功的事業，他的威望才有根本。後
人評價他是「此大人者不失其赤子之心也」。大人就是偉大的人
物，偉大的人物是什麼？很簡單，沒有失去他的赤子之心。什麼是
赤子？剛剛出生的小孩，還在襁褓當中，就是赤子，赤條條地來到
世間，他跟他的父母就是純孝之心。能夠把這個純孝之心保持終生
不變，這就是偉大的人物，這就是聖賢。

　　所以，我們說落實八榮八恥從哪裡落實？在「居家致其敬」。
不要說我給我父母洗一個尿罐，端一盆洗腳水，做一頓飯，捧一杯
茶是小事，諸位說黃庭堅給他母親洗尿罐，這是小事還是大事？你
說這是小事，生活小事，誰都會做，誰不會做？但就是這樣的生活
小事裡面展現了天地之德，展現了偉大的人，大人之心，怎麼能說
是小事？所以孟子說得好：「事孰為大？事親為大。」最偉大的事
業是什麼？不外乎是孝順雙親。從孝順雙親開始引申就是忠於國
家，服務人民，這樣才能夠成就自己的事業，能夠成就自己完美的
人生。

好，今天的時間到了，非常感謝大家。

我們今天上午討論了「八榮八恥」需要從孝道來入手、來落實。我們看到古聖先賢為我們闡述，孝道確實是能夠構建和諧社會、構建和諧世界，確實是一種「至德要道」。

孝這麼重要，那如何來行孝？我們上午剛開了個頭，就說孝子在家裡行孝，要做到五個方面。所謂「居則致其敬，養則致其樂，病則致其憂，喪則致其哀，祭則致其嚴」。那麼我們今天談到「居則致其敬」，孝順父母最關鍵的是能夠對父母有一顆恭敬之心。下來我們再談「養則致其樂」，就是說孝養父母關鍵的就是讓父母生歡喜心、讓父母快樂。

在唐朝時候就有這樣一位孝子，他叫崔沔。崔沔做官做到了中書侍郎，就是我們現在說的部長，比部長可能還要高。崔沔是一位大孝子，他的母親在中年以後就患了眼病，眼睛不太看得到東西。崔沔想盡方法，甚至不惜傾家蕩產，來幫助他母親去治療眼病。可是後來，他的母親還是雙目失明，崔沔就每天來照顧母親，而且千方百計地讓他母親歡樂。譬如說，如果是天氣好的時候，他就帶著他母親，揹著他母親去郊外，去那裡觀光，呼吸新鮮空氣。他的母親看不到東西，怎麼觀光？結果崔沔把母親帶到郊外之後，就跟她講說，這裡有什麼樣的風景，什麼樣的花草，一點點地講給他的母親聽。她的母親雖然眼睛看不見，但是也能夠領受大自然美好的風景。逢年過節，親戚朋友大家都聚在一起，崔沔讓大家都團聚在他母親的膝下，讓母親感覺到家庭歡聚的那種喜悅。後來他母親病逝了，崔沔非常的難過，就為他的母親發願終生吃素，來紀念他的母親。由於他有這樣的一種孝德，他的生活也就非常的儉樸，使得當時有人推薦了他，就是舉孝廉，把崔沔推任去做官。後來他的官一直做到了很高的位置，就是中書侍郎的位置。

雖然做了官，但是他的生活還是保持艱苦樸素的作風，多餘的

收入就拿來接濟生活比較清苦的那些親戚朋友。因為他自己說，母親在世的時候，一天到晚關心的就是家裡的這些親戚朋友，還有自己的兄弟姐妹。所以他能夠在母親走了以後，依然保持對這些親戚朋友的照顧，他說這樣子也能夠讓母親在天之靈得到安慰。我們看到，崔沔真正是懂得讓自己的母親安樂的方法。這種孝道，這種道德根基，才使得他有成功的事業，才能夠做到這麼高的官，他做到這麼高的官，仍然保持艱苦奮鬥的精神。史書上記載，他是儉約自守、勤政愛民的一個好官。

我們看到，一個真正的好官，他必須首先要在家裡做一個孝子，懂得養親、敬親。我記得自己在美國留學的時候，因為我是家裡的獨生子，父母收入都不高，當時心裡就想著盡快地把學業完成，能夠有一個比較穩定的收入，能夠孝養父母。那個心也是挺迫切的，就是自己不願意拿父母的錢。當時不僅不願拿父母的錢，而且自己如果有獎學金的收入，還有自己打工的時候賺的一點收入，都會拿來孝養自己的父母。

我記得剛去美國第一年的時候，暑假裡剛好有空餘的時間，我就到了美國北部明尼蘇達州一個遊樂園打工。當時是做遊樂園裡面一個服務行業，賣棉花糖的，不知大家曉不曉得棉花糖是怎麼做的？你看他那個機器，一個大圓盤子，中間有一個可以旋轉的機器，把白糖倒入機器裡頭，機器把它轉出來，絞成絲，這就是棉花糖。當時美國的小孩子都很喜歡棉花糖，因為做得很大、很蓬鬆、很可愛。遊樂園裡就設了這麼一個賣點，於是我們就去了。幾個留學生一起去打工，我記得當時每小時的薪資是六塊三毛五美金，當時工作是從早上九點一直做到晚上十一點，都是站著的。因為製造棉花糖的機器噪音很大，遊樂園擔心會影響顧客，所以就在密閉的一個工作間裡面進行。當時是夏天，很熱，沒有冷氣，噪音又很大，就在裡面站著十二小時，當時也是挺辛苦的，因為我很少這樣去做體力工作。這三個月，我們幾位留學生一起去工作，在遊樂園

旁邊租了房子，在那裡住了三個月，來打工。房子裡什麼家具都沒有，當時我們買了個席子就躺在地板上過夜，就這樣子三個月下來，記得當時我賺了三千美元，我就給家裡寄了一千美元，剩下的錢拿來補一些學費。

當時我母親收到從太平洋彼岸兒子寄回來的供養，心裡就非常高興。給她打電話的時候，就覺得她在電話線的另一頭非常的激動。感動的不是錢的多少，而是我們在海外學習的學子，沒有忘記父母。我媽媽收到這筆錢，就主動地給自己所有的親友買些禮物，讓大家都能夠分享自己的兒子從美國寄回來的這份供養，這種喜悅的心情。當時我母親還把這些錢，拿了不少出來寄給希望工程，也給佛教去捐獻，讓更多的人也能夠分享到母親的這種喜悅。所以「養則致其樂」，我們想真正讓自己的父母能夠快樂、能夠得到安慰，這是我們為人子女要非常注重的一個方面。

接下來，「病則致其憂」。當父母雙親有病的時候，一個孝子、孝女，心裡一定是充滿了憂慮，總是想著如何能夠幫助自己的父母，解除疾病的困擾。在西元2004年，十大孝子，這裡面有一位叫戴永勝的。他是一位二十七歲的青年人，學歷程度不高，是初中畢業的程度，是山東菏澤的一個煤礦工人。他的母親患了卵巢癌，是癌症晚期，醫生檢驗之後，說他母親壽命不會超過六個月，就說讓他趕緊把他母親接回家好好地去奉養。

戴永勝知道這個事情，心裡就非常的憂慮和難過。看到自己的母親受到病魔的折磨，一天到晚嘔吐、發燒，躺在床上不能起來，心裡很難過。所以他就暗自發誓，一定要為他母親治好這個病。發了這個孝心，馬上智慧就來了。他首先跟醫生商量好，讓醫生們告訴他母親，別說她是癌症晚期，說她這病好好調理一下就能好，讓他母親燃起對生存的希望和信心，然後戴永勝就到處去尋找民間的這些醫生，還有治癌症的這些良方，到處找。他曾經為了母親尋醫找藥，跑了九個省兩個市，都是徒步走，甚至有時候徒步長途跋涉

三天三夜，因為家裡經濟生活也比較拮据，車費都不夠了。

戴永勝為母親這樣去找醫生，求醫求藥，自己蒐集了一百五十多種治癌的良方，每天就是給他母親熬藥、煎藥。六個月過去了，他的母親病況好轉。後來到醫院去檢查，一檢查就發現他母親的癌症，癌細胞已經萎縮了百分之七十，好得差不多了。原來躺在床上不能起來，現在都能下地工作了。就連醫生們都說，這是醫學史上的奇蹟。

這個奇蹟從哪裡來的？《孝經》上講得好，「孝悌之至，通於神明，光於四海，無所不通」。真正孝心達到了純真的境界，我們就說神了，就能創造奇蹟，這是真正感應。《孝經》上說，這是「無所不通」，能夠感動所有的人，也能夠給他幫忙，感動天地。我們中國有一個城市叫孝感，孝可以感動天地。

最近，新聞媒體裡面報導了一個孝子的事例。這是一個居住在杭州地區的孩子，叫作劉霆。劉霆是個農村的孩子，他母親也是患了尿毒症，需要換腎，這個孩子也是毅然決定，要給他母親捐出一個腎。但是這個孩子，大概從小長大的經濟生活也不是非常富裕，可能有點營養不良，身體比較弱。所以醫院的醫生就擔心他如果捐一個腎，可能受不了。當時，這個孩子根本沒有想到自己，非要決定捐一個腎。而且他當時只是高中畢業，十九歲的孩子，考上了浙江林學院。他因為父親不在，所以他就每天背著他的媽媽去上學，白天去聽課，晚上回來照顧自己的母親。除了自己的學業、工作以外，就用全部的精神來照顧自己的母親，非常難能可貴。

當時他這個事例，報紙對他有過報導，後來很多人都得知這個情況，都紛紛伸出援手。一下子就有很多人解囊相助，而且在上海一家醫院，還特別為劉霆他母親免費移植一個腎。你看劉霆這個孩子，雖然他的家庭情況不好，母親又得了重病，但是他的這顆孝心，感動了多少人！多少人看見他這樣的孝行，都紛紛解囊相助，真的是無所不通。後來他的母親手術也很成功，也出院了。大家給

他的捐助非常多，劉霆覺得這是大家的錢，不能夠亂用。於是再次捐出來，成立了一個基金，用來幫助像他那樣有困難的一些青少年。

在這個案例當中，我們看到劉霆就是憑著他這種孝心，去為母親治病，可以說是「通於神明，光於四海，無所不通」。這是「病則致其憂」一個很典型的例子，都是值得我們好好去學習的。

下面，「喪則致其哀」。父母畢竟都會有去世的那一天，父母走的時候，孝子、孝女一定是非常的哀痛。因為想到人從小到大，都是受著父母的恩德。而當我們長大成人之後，想要報答自己父母的這種養育之恩，可是父母已經離我們而去了。古人講：「樹欲靜而風不止，子欲養而親不待」。如果雙親還在的時候，我們真的要把握這個機會，好好地去孝順自己的父母。當父母走的時候，我們也應該表達自己最後的哀思。《弟子規》上說：「喪三年，常悲咽，居處變，酒肉絕。喪盡禮，祭盡誠，事死者，如事生」，這是古人的禮節。父母去世以後，要在家裡守喪三年。在這三年當中，常常緬懷父母對自己的養育之恩。想著如何好好地去做人，能夠報答父母的恩德，所以常悲咽。

「居處變，酒肉絕」，這是講古人去守墓，不住在家裡，酒肉吃起來都沒有味道。所以古人有為他母親（像剛才講的崔沔）終身吃素的，當然吃素對身體健康是大有好處的。我自己也吃素，從哪裡開始？從我的外婆去世以後。我母親也是非常孝順的，看到母親很孝順外婆，自己也都潛移默化，有了一些孝心。當時我外婆走的時候，我們都給她守夜，另外給她做臨終的關懷。走了以後，我母親就帶著我，像崔沔那樣發願吃素，所以吃到現在，我仍然還是吃素。父母走了以後，孝子還要常常地祭祀父母。「事死者，如事生」，就是像父母還在的時候一樣。雖然父母不在了，但是我們的孝心不會改變。因為孝是天地之德，人本來就有的天性，父母在和不在，我們人的天性都不會去泯滅。為什麼說要「事死者，如事

生」？就是說要保存我們這種孝德，要保存我們的天良。

最後一條講的「祭則致其嚴」，這是講父母走了之後，每到祭祀的日子都要去紀念自己的父母、紀念自己的祖先。如果沒有父母，沒有祖先，哪能有我們？曾子曾經說過，「慎終追遠，民德歸厚矣」，「慎終」就是「喪者致其哀」。對於父母臨終的時候要謹慎地處理，給予臨終關懷，臨終關懷一定是讓自己父母走得很安詳，而不是在那裡大哭大鬧。很多人一直到父母彌留之際，還是趴在父母身上大哭大鬧，讓父母不得安寧，這樣也不好。「追遠」就是祭祀先人，追懷祖先之德。能夠「慎終追遠，民德歸厚」，人民道德就能夠淳厚、民風就能夠淳樸，我們說社會就能夠和諧。

所以《朱子治家格言》裡面講到，「祖宗雖遠，祭祀不可不誠」。要知道祭祀不是做迷信，這祭祀就有點像我們現在說的紀念的意思。你看我們到烈士陵園掃墓，這就是紀念的意義。祭祖也是這個意思，紀念祖先，因為沒有祖先哪有我們今天？不僅是要紀念，而且透過祭祀，我們就能夠提醒自己，祖先、父母對我們的期望我們有沒有去實現？這樣的祭祀就有意義了，這是孝道的活動。每逢清明、冬至，這都是祭祀的節日，用來紀念自己的父母、祖先，這是很好的。我還有一個夢想，我今天已經說了三個夢想了，第一個夢想是希望全國上下，能夠舉辦孝子評選的活動。第二個夢想，希望我們能為孝道立法。我這第三個夢想，就是清明節，你看清明節很多人都去掃墓、祭祀。很多在職的工作人員都請假回家去掃墓，那與其讓他請假，不如把這個日子定為國家法定的假日。在這個假日裡面，提倡祭祖，提倡紀念先人，提倡孝道。能夠在這個日子裡，由國家正確的引導，就能避免迷信的色彩，而提倡孝道的真實的意義。

在中國社會科學院有一位袁教授，他真的是專門考究中華民族的姓氏。他發現中華民族這幾千年來，所出現過的姓氏有二萬二千多個，真的是萬姓，以前說是百姓，現在說是萬姓。這些萬姓的祖

先都是我們中華民族的祖先，我們都是他們的後代。紀念中華民族的萬姓先祖，能夠讓我們深刻地懂得我們都是炎黃子孫，我們都是中華兒女，這對於幫助我們中華民族的團結，乃至團結世界所有的華人，都是一個積極的促進作用。全球華人分布得很廣，你看馬來西亞、新加坡、東南亞地區，這些都是華人。只要有人的地方，你都能找到中國人，找到華人。祭祀祖先，有利於華人的大團結，我們都是同一條根出來的，為什麼要不團結？為什麼要鬧彆扭、鬧分裂？因此，祭祀先祖確實有非常深遠的意義，可以幫助我們和諧社會、和諧世界。

我本人跟我母親，每逢清明、冬至祭祀的日子，都在家裡祭祖。我們祭祖一般就是給自己的祖先獻上一杯水、一點水果，表達一點心意。然後在祖先的靈前、牌位之前，朗誦一段《孝經》、朗誦一段《弟子規》，朗誦這些聖賢的經典、傳統的文化，來警示自己要好好地做人，要「立身行道，揚名於後世」，要光耀門楣。所以，祭祖確實能夠讓我們提升品德。

古聖先賢為我們講了很多關於行孝的道理，這些說法，開導非常豐富。翻開一部《論語》，你看問孝的有多少？因為這裡的時間關係，我不能夠非常詳盡地來報告。總結歸納一下，這些聖賢的教誨，可以說行孝有三個層次：第一是孝養父母之身，第二是孝養父母之心，第三是孝養父母之志。孝養父母之身，就是能夠滿足父母的物質生活的需要，能夠讓父母衣食無憂，這是孝養父母之身。夠不夠？其實不夠。不要以為說我拿點錢給父母就是孝了，就做到盡孝了。如果是打分數，一百分只能打三十分。為什麼？這三個層次你只能做到第一層，孝養父母之身，那只能打三十分。

第二個層次，孝養父母之心。不僅是要贍養父母的身體，更要讓父母能夠老有所養，而且要讓父母的心能夠歡喜、能夠快樂。然後再提升一個層次，孝養父母之志，就是志向。每一個父母對於兒女都有一個志向，這個志向往往從我們自己的名字上，可以領略一

點。你看中國人起名，父母給兒女起名，都是表達父母對兒女的志向。譬如說我叫鍾茂森，茂盛的茂，森林的森。父母對我有什麼希望？就是希望我能夠成為茂盛的森林、棟樑之才，為國家、為人民能夠做出貢獻，這是父母之志。我常常想到父母對我的這個期望，我才能夠進取、才能夠努力的工作。所以別人叫我鍾茂森、茂森，這時候自己就要提醒注意了，我有沒有忘記父母的志向，在四書《中庸》裡面，孔老夫子就說：「夫孝者，善繼人之志，善述人之事者也。」就是父母有志向的話，這個志向是好的事情，能夠為國為民的志向。那麼做兒女的就應該幫助父母實現這個志向，實現他的事業。在歷史上有一個很典型的「善繼人之志」的例子，就是在漢朝，寫《漢書》的作者。

我們知道《漢書》是一部斷代史，是記述漢朝歷史的一部著作，這部著作的作者是班固。這部書實際上是由三個人共同完成的，是班固的父親班彪，還有班固和他的妹妹班昭共同完成的。當時做父親的班彪讀到太史公司馬遷的《史記》，就覺得很感動，覺得這麼好的歷史書籍應該繼續寫下去，所以他當時就決定繼續來寫漢朝的歷史，這就是《漢書》。班彪因為長期工作積勞成疾，英年早逝，這書沒寫完就去世了。結果他的兒子班固為了繼承他父親的這個志向，就繼續寫《漢書》。後來班固也遭到朝廷小人的迫害，被關到了監獄裡面。雖然關到了監獄裡，他寫書仍然不停。後來班固也很可惜，也沒有把書寫完就去世了。結果班固的妹妹班昭，從小因為父親的教導，知書達禮，於是決定繼續父兄的志向，把這本《漢書》完成了。《漢書》的作者是班家父子三人，這是非常典型的「善繼人之志」。

那我們作為中華兒女，作為炎黃子孫，有沒有經常思考，我們有沒有「善繼先人之志」？我們的老祖宗對我們這一代有沒有期望？有！我們的祖先都希望把這麼好的文化、這麼好的道統，能夠一直傳下去，讓我們源遠流長的中華文化得以長盛不衰。那麼我們

年輕人能不能夠扛起這個使命，能不能夠深入中華的文化？以中華的文化、中華的倫理道德來指導自己的生活？這是傳承中華民族的命脈，這叫做「善繼先人之志」。

在上世紀七〇年代，英國一位歷史學家叫湯恩比教授，他曾經說過中華民族為什麼能夠長盛不衰，雖然有不少朝代的更替，而中華民族依然有這樣的凝聚力和向心力，其中最重要的就是因為有中華文化，以儒家文化為代表，包括儒釋道三家的傳統文化，那是維繫中華民族的一條命脈。

中國春秋戰國時期，當時這個時代很亂，各國都衝突紛爭，而最後在漢朝把儒家文化推為一個代表文化，使得整個中華民族的文化內涵確定下來，所以才能使得中華民族能夠長盛不衰。所以他說，要解決未來二十一世紀的問題，只有靠中國的孔孟思想和大乘佛法。所以你看，一個英國人他都能夠懂得這個道理。那我們作為中國人，假如不能夠好好地去傳承中華民族的文化，這怎麼能叫善繼人之志？這怎麼能夠對得起自己的先祖？也沒有辦法對這個世界負責任，因為世界需要中華文化。中華文化不僅僅是我們中國人的，它是屬於全人類的。

談到「善繼人之志」，現代也有一個很好的例子，就是華人首富李嘉誠。李嘉誠他也是個孝子，他也是出身於非常平凡的家庭，是廣東潮州汕頭這個地區的人。後來他全家搬到了香港，他父親很早就去世了，因病而死，因此他十四歲就扛起了負擔家庭的重擔。後來一直努力的工作，最後成為了華人首富。他對他的母親很孝順，他母親是個佛教徒。潮州開元寺，這是潮州的一個文物保護單位，千年古剎，在「文革」當中受到了嚴重的摧毀。因此，李嘉誠的母親就有一個願望，希望在潮州能夠恢復修建開元寺。李嘉誠為了圓滿母親的這個心願，於是就捐款重修開元寺。在他給開元寺的信函當中他是這樣寫的，他說：「本人此次提出對貴寺重建稍盡綿力，源於家慈信佛多年，體念親心，思有以略盡人子養志之責。」

所以你看李嘉誠，他也是很懂得孝養父母之志的，母親所希望的這個善舉，保護文物，他能夠盡心盡力地去實現。我們看到李嘉誠之所以有這樣的成就，做到了華人的首富，確實是因為他有道德的根基。

古德曾經講過，「水有源，木有本，父母者，人子之本源也。」就是一條河總有個源頭，一棵樹總有根本，那什麼是源頭？什麼是根本？就是我們的父母。所以一個不孝父母的人，他怎麼會有很好的成功的事業？他都沒有源頭、沒有根本，他根基不牢怎麼能夠有成就。我們看看李嘉誠的成功之道，看李嘉誠的傳記，我歸納了李嘉誠的成功之道有四點：一個是講義，一個是誠，一個是信，一個是仁。

他的義表現在什麼地方？他對他的下屬就非常講道義，從來不會去主動解雇一個人，所以很多人跟著他打天下，患難與共，跟著他幾十年，一直做到退休。所以有人問他，就說他做這個事業這麼大，要很多得力的助手，問他你統率群雄最注重是哪一點？李嘉誠說就注重這個義字。假如對自己的下屬不講信義，那他怎麼會跟你拚命？另外一個就是李嘉誠很講誠，真誠待人，譬如說他對他的下屬就非常真誠。他所想到的不是說只是利用這些下屬，而是幫他們打算，讓下屬覺得跟著他做不僅有事業，而且將來還有很好的發展前途。雖然有時候可能會遭受事業的坎坷，但是這些下屬都沒有離他而去，這是因為他以誠服人，所以才得有這樣忠心耿耿的下屬。他還講「信」，他說做生意最關鍵是要講信用，沒有信用的商家怎麼跟你做生意。你看義、誠、信，從哪裡產生的？從他的孝心產生的。李嘉誠十四歲就扛起了家庭的重擔，就要扛起贍養母親的責任，還有對自己的弟弟妹妹的這種義務。所以他的這種義，從孝心產生的，有孝才能有義，有孝才能有誠，有孝才能有信。

另外，很多人就會問李嘉誠，你現在賺了這麼多錢，為什麼還在拚命的工作？你圖什麼？李嘉誠就說，他工作其實是為三個目

的：第一個，因為自己十四歲就喪父。他的父親是因為家裡沒有錢買醫藥病逝的，所以他覺得很多人可能都像他父親那樣子，因為沒有醫藥費，因為沒有很好的醫療，而失去了生命。所以李嘉誠希望賺錢能夠扶持醫療的事業，幫助更多的人解除病苦。他說第二個，他自己十四歲的時候父親走了，他就得扛起家庭的重擔，本來他很喜歡讀書，也不能夠繼續去讀了，失學了。因此他現在就為那些失學的、家裡經濟困難的青少年，設這些教育機構幫助他們。你看李嘉誠，他在汕頭成立了汕頭大學，推動教育的事業。第三個目的，李嘉誠說他是希望多賺點錢，能夠幫助這些貧苦的人。所以你看，他自己從困境當中走出來，就不願意讓其他人也都像他以前那樣子，受這種困境，這是仁。所謂仁，就是「己所不欲，勿施於人」。自己不願意發生在自己身上的事情，也不願意這個事情發生在人家身上，這就是仁慈之心。這個仁從哪兒出生的？也是孝。在《論語》當中有一句話講，「孝悌也者，其為仁之本歟？」仁慈根本在哪裡？就是孝悌。

我自己從小到大受父母和師長的教誨，也在不斷地學習孝養父母之身，孝養父母之心，孝養父母之志。尤其是孝養父母之志，不是一個容易的事情，是需要畢生的努力。記得當時，我母親在我上了大學以後的第一個生日時，寫了一張生日賀卡。在這賀卡當中，就表達了母親對我的志向。她是這樣寫的：

茂森兒，祝賀你十九歲青春的年華，這是你邁進大學的第一個生日。世界上有兩樣東西只有失去時，才知道它的價值，這就是青春和健康！希望你做一個智者，身置廬山之中，而知廬山之美。你已經成年了，今天和你談談我對你人生的總體策劃。假如環境沒有意外，你的道路是大學畢業，獲學士學位。研究生畢業，獲碩士學位。攻讀博士，獲博士學位。成家要晚，立業在先，遵循古訓，「修身、齊家、治國、平天下」。在修養的方面，克服浮躁，一心

不亂，增加自控能力，寧靜致遠，行中庸之道。三十歲前，學習、累積、打基礎；三十歲至五十五歲，成家、立業、闖一番事業。五十五歲後，收心、攝心、總結人生。這樣，當你回顧往事的時候，可以自慰地說，我活著的時候，很充實；離去的時候，很恬靜。

　　　　　　　　　　　　　　　　　永遠愛你的母親
　　　　　　　　　　　　　　　　　一九九二年五月

　　這是我在十九歲的時候，收到母親的賀卡。你看母親對我的志向，給我人生總體的規劃，都已經寫下來了。這麼多年來，我也一直按照母親的這種規劃，去走我的人生之路，走得也很順利，也比同齡人都更成功。譬如說，母親希望我拿到學士、碩士、博士，這些都達到了，很多母親的志向，也都在完成。但是也有很多到現在還在努力的，譬如，我母親說，「成家要晚，立業在先」。這成家要晚，那確實我能做到，我現在三十三歲，還沒有成家，把事業放在首位。但是「修身，齊家，治國，平天下，克服浮躁，一心不亂，寧靜致遠，行中庸之道」，這都是母親對我很高的要求。

　　什麼是中庸之道？中就是不偏，不偏不倚就很中正，人生的方向就很中正。庸就是長遠，長久地去堅持，這是庸。所以我們說君子「任重而道遠」，為什麼任重？「以仁為己任」，仁愛的根本是孝道，把它向全國、全世界去推廣，這是「仁以為己任，不亦重乎」？這是很重。「死而後已，不亦遠乎」？一直堅持推廣，自己自修聖賢之道，八榮八恥，好好地自我落實，而能夠向世人推廣，一直到老死都不改變志向，不亦遠乎？真的是「任重而道遠」的事業，所以母親對我的志向，真的能夠讓我奉持一生。

　　真的，我要好好地孝養父母之身、心、志，我覺得我自己也是剛剛起步。那麼每個像我們這樣的年輕人，將來都要扛起先人給我們留下的這個重擔，要懂得「任重而道遠」，要好好地落實孝道，

落實榮辱觀的八榮八恥的道德，這樣子才能夠真正叫做孝養父母。

今天因為時間關係，我們先談到此地，謝謝大家！

我們來繼續談「明道德，知榮辱」。我們知道孝道是道德的根本，能夠幫助、成就人幸福成功的人生，能夠幫助社會成就和諧美滿。

剛才我們談到如何行孝，有孝養父母之身、孝養父母之心、孝養父母之志這三個層次，而能夠教導孝道的人，最重要的還是在一個家庭裡，父母他要有這種覺悟、有這種意識。我之所以有今天的一點成績，其實都是在家裡受到父母的這種教育。家庭的教育非常重要，學校的教育、社會的教育都是家庭教育的延伸，能夠使一個人的教育得到完善。

在我家裡，有家庭的文化，我們家庭的文化就是經常溝通。像我的母親，她就非常懂得教育，每逢過年過節、生日的時候，她就給我，還有我的一些表兄弟姐妹、堂兄弟姐妹寫一些賀詞，啟發大家懂得如何做人，去思考一下人生。這個習慣、這種文化一直傳到現在，我們都沒有中斷。每年過年過節的時候，母親也都帶著我們這些孩子，包括我母親的兄弟姐妹的孩子，都來到老人家，到我外公外婆那裡為他們表演節目。獻上一個賀詞、朗誦一首詩歌，讓老人家都能夠歡喜。我在這裡想跟大家分享一下我們家庭的文化，我們嘮叨家常。我在博士快畢業的時候（當時在美國念書），收到了來自於太平洋彼岸的一封生日賀卡，這是我母親特別給我製作的。我在二十六歲的時候，博士即將畢業了，她給我做的生日賀卡。這是我收到的最別緻的賀卡！我母親把我從小到大的相片，從我上幼稚園、小學、中學、大學，後來到美國去念碩士和博士，每一個人生階段的相片，以及和我媽媽的合影都貼到了賀卡上，讓我去思考水源木本。教孝道，當然家裡要教，但更要講究藝術，像我母親，她沒有死死板板地說，你要孝順我。這話很難說出口，怎樣做？你

看，用賀卡。當我博士畢業的時候，正走向人生成功的時候，要懂得回頭來看看。看看自己為什麼有今天？自己的根本、自己的源頭在哪裡？所謂飲水思源。我母親在賀卡的反面還貼上我外婆外公的照片，這照片裡有我外婆年輕時候的照片，外公年輕時候的照片，還有他們到臨終的時候所照的照片。然後我母親就給我附上了生日的賀詞，她說：

茂森兒，在你二十六歲生日之際和博士畢業前夕，思念一下家鄉的老人、父母和師長，看看我們母子二十六年來的合影，從你的童年、小學、中學、大學，到留美攻讀碩士、博士，這些時光像夢一樣地過去了。是歡喜？是感歎？還是成熟和覺醒？又看看你的外祖父的青年時代和他去世前的照片，再看看你的外祖母的青年時代和她去世前的照片。你知道這就是人生嗎？你悟出了什麼？吾兒博士畢業，即將走上美國大學講壇教書，讓母親為你衷心祝福！願你擁有一個智慧的人生，願你心無罣礙的走向世界！

這是我母親寫於西元1995年五月的賀詞。所以，回顧來時之路，真正感覺到確實自己今天之所以能夠存在，能夠有一點成績，都是父母從小到大的培養。假如不能夠飲水思源，那真的是不能稱為人子。

所以我們看，一個家庭的教育是非常重要的。沒有很好的父母，怎麼能夠培養出優秀的兒女？如何教孝？這是一個非常重要的問題。能夠教導孝，這是家庭教育最重要的一個部分，不僅對家庭、對自己的兒女非常重要，乃至對構建和諧社會、構建和諧世界也都是有非常積極的作用。那麼如何教孝？最關鍵就是父母要以身作則，這樣才能夠「不令而從」。你說我們教兒女要孝順父母，首先得給兒女做一個好榜樣，我得孝順我的父母，這樣兒女看到我，他才知道怎樣孝順，這樣我就「不令而從」，我不用去天天命令他

孝順，那個沒有什麼用處，能夠以身作則，才能夠不令而從，他才能夠跟著你、學著你做。

我的母親就是一位非常孝順的人，她對我的外公外婆很孝順。像我們剛才講的，每逢過年過節，都是讓大家一起聚會。歡聚在老人的膝下，讓老人開心，而且當母親跟我的表姐妹、表兄弟一起聚會的時候，母親都會教育我們，而且提些問題讓我們思考。譬如說她會問：在我們的人生過程當中，活到現在，曾經為父母做過什麼事情，能夠讓父母真正高興？我們再想一想，能夠為父母再做些什麼？經常去問問自己，引發自己的孝思。

我的母親經常會寫一些賀卡給我的外婆、外公，讚美他們，表達對他們養育之恩的感謝。我曾經從書箱裡頭找出很多年前我母親寫的一張賀卡。這是我母親寫給我外婆的，是在她六十九歲生日的時候，那是西元1979年。這是三十年前，我母親寫給她的母親的賀卡：「獻給親愛的媽媽——祝賀六十九歲生日」，這是她寫的一首詩，讚歎母親的：

哪一朵葵花不向著太陽？哪一個孩子不熱愛自己的娘？親愛的媽媽，一個幸福的家庭您是舵手，有了您爸爸才有成就。有了您，哥哥姐姐才能上大學。您是我們幸福的源泉，您是我們成功的後盾，您是大北路之家的砥柱棟樑！親愛的媽媽，您的性格就是永遠給予，不求報酬。您的愛像大海那樣深廣，而我們回敬的卻是一滴水！您給予我們生命、學識和財富，您給予我們溫暖、快樂和幸福。我們說上帝，就是指您——親愛的媽媽。我們說您，就是指降福於我們的上帝！

小女良玉上
一九七九年正月

　　我的母親以身作則，為我們展現了一個非常好的榜樣。讚美自己父母的恩德，這是一種孝思，常常都能夠懷念自己的父母對自己的養育之恩，這種人的孝心才能夠得到培養。所以我是潛移默化，我母親也不是特別教導我，我自己也能學會。當我母親生日的時候，我也能寫詩。母親節、過年過節，我也能寫給我母親一張賀卡，年年如此。我這裡，想給大家分享一段我在西元1992年，我十九歲，母親節的時候，我給母親寫的一張賀卡。我是這樣寫的：

　　親愛的媽媽，母親節快樂！您和爸爸的愛，孕育了我的胚胎。一團模糊不清的心肉，損耗了您的生命精華、窈窕青春，才有了嘴巴、耳朵、眼睛，創造了未來的大腦和胸懷。您以痛苦的受難和乳血，使我從無到有、莊嚴存在。您教我牙牙學語，您教我認識世界，走第一步路，唸第一個字，讀第一首詩。您憑著偉大的母愛與超人的遠見，在我很小的時候就開始了對我的教育，把我送到幼稚園全日托，以鍛鍊我獨立生活的能力，您在家裡的門板上，教會了我唐詩宋詞、ABCD，您親自教我寫毛筆字。您是我人生啟蒙的第一個教師啊！您無論在精神上還是物質上，都給予兒子很多很多。這全是基於您無私聖潔的愛！如今孩兒的翅膀逐漸硬朗，羽毛逐漸豐滿。然而飲水思源，我一切的一切，哪一點沒有您的關心、愛護、工作、智慧、教育和啟迪？您是母親中的典範，是我心目中永恆不滅的星斗！在母親節之際，我要深情地說一聲：「謝謝您，親愛的媽媽！」

　　回想過去，我母親說，她在我很小的時候就特別重視對我的教育。像我上幼稚園，她把我送到幼稚園全托。所謂全托，就是禮拜一送了進去，然後禮拜六才把他接出來回家，在回家之後過一個禮拜天，然後又送到幼稚園，吃住都在幼稚園。那時是在我三歲到六歲這段時間，這就能夠讓我鍛鍊獨立的生活能力。同時，我記得

當時（我母親後來告訴我），我上幼稚園的時候，母親也是為了鍛鍊我，讓我自己去背書包。小小的，四、五歲的小孩，背著一個禮拜所用的東西、衣物，還有書本，大大的一個書包，我就背著走。從我家裡到幼稚園要翻一座山，大概得走半個小時。走在路上，我母親遇到朋友，看到我母親牽著我，我背著一個書包，大大的，然後跟著走，他就批評我母親說：「你怎麼能讓小孩背這麼重的書包？」現在很多父母都是這樣，他不忍心，他們讓自己的小孩在一個非常安逸的生活環境下長大，不捨得讓孩子受一點累、吃一點苦。我母親當時很有智慧，聽到這個朋友這樣批評，也沒多嘴辯論，因為他都沒這個意識，辯論也沒用處，於是就從我身上把書包接過去，等那個人走了以後，又把書包還給我，讓我背。所以我從小到大，腿都長得粗粗的。因為什麼？負重！從小鍛鍊得很好，身體也很好，所以養成了獨立生活的能力。

我後來出國留學的時候，有很好的身體，有很好的自我鍛鍊的能力，身體素質會好一些，成績就自然顯著一點。因此，小孩不能夠嬌生慣養，要讓他艱苦奮鬥。雖然我是獨生子，可是母親從來不會對我溺愛。古人講「棍頭出孝子」，你就得讓他在嚴格的環境下長大，這樣的人才能成為孝子。讓他很安逸的，像個小皇帝一樣的生活，等到他長大了，怎麼懂得孝順你？他只會懂得滿足自己物欲的需求，不會想到父母的。所以我非常感恩我的父母，就是因為他們沒有溺愛我，能夠讓我在正路上走得很順利。

現在我們看，一個人的孝道從哪裡學來的？最關鍵的還是從家裡看父母，父母就是我們的表率。父母要用《弟子規》和《孝經》這樣的聖賢經典來規範自己，在孩子面前做一個好榜樣。就像我母親逢年過節供養我的外婆、外公，供養的時候都恭恭敬敬地向他們磕頭。所以我長大了，供養父母也是這樣向他們磕頭。這種潛移默化的教育，真的是非常有效。而自己能夠做到孝順父母，這是有因果的，有孝順父母的因，將來兒女就能學習你，他也能孝順你。

所以道家，呂祖有一篇《勸孝文》裡頭就講：「我能孝，自無逆子。子能孝，自無逆孫。繩繩克繼，葉葉永昌。善孰大焉，利孰厚焉」。這是講，我能夠做到孝順父母，兒女就能夠學，也會孝順我們。子又有孫，子子孫孫都能夠實行孝道，這叫作「繩繩克繼，葉葉永昌」，家道綿延不衰。家道如此，國道也如此。能夠這樣做，利益是最大、最厚的。我們現在看到，一個人能夠有幸福人生、有成功事業，甚至國家要構建和諧社會，要從哪裡入手？就是從孝，這是最偉大的事情。孟子說的「事孰為大，事親為大」，孝順雙親的事情是最偉大的。

我們說現在要落實八榮八恥，八榮八恥是讓我們修身規範自己的這種品德。孟子也說「守孰為大，守身為大」，守身這是最重要的事情。現在我們國家很多地區，人民生活都富足起來了，好像對於艱苦奮鬥這一點愈來愈忽略了。所以國家現在提倡八榮八恥，以艱苦奮鬥為榮，以驕奢淫逸為恥。驕奢淫逸真的要好好防治，因為一個國家假如驕奢淫逸之風蔓延，那麼肯定是有害於國家的。所以在這裡，我想著重把八榮八恥最後一條：以艱苦奮鬥為榮，以驕奢淫逸為恥，來講一講。防止驕奢淫逸，我們說是守身之要，在現在這個社會尤其重要。

我們都曉得宋朝著名的宰相范仲淹，他防止驕奢淫逸，作風非常好。范仲淹也是出生在一個貧寒家庭，他父親很早去世，母親改嫁，所以他只能在破廟裡面念書。破廟冬天很冷，他自己錢很少，只能每天吃粥加鹹菜。冬天冷冷的，他就把粥煮好之後凍成塊，然後把它切成幾塊，就加鹹菜，一餐吃一塊，所以說范仲淹斷齏畫粥，把鹹菜一段段切開，劃這個粥，吃這個粥塊，就這麼過日子，然後讀書、考功名。

有一天在寺廟裡面念書的時候，偶然之間發現樹下埋著一箱金子，他打開來一看，是一箱金子。因為范仲淹他是以考功名為志向，希望能夠將自己的才學貢獻給國家大眾，所以他看到這黃金以

後他也沒動心，很平靜地把黃金又埋回到地下去了。一般人見到這麼多黃金，早就覺得這正好是我們改善生活的時候，但他沒有。所以你看，他有這樣的定力，還是繼續吃他的稀粥鹹菜，艱苦奮鬥，因此他最後真的考上了狀元，做了大官，成為了一代名相。

做了宰相以後，他家鄉的寺院就來找他，說要修復寺院，說家鄉出了您這麼一位宰相，希望您能夠幫幫忙。范仲淹是廉潔奉公的，自己的收入不多，從來不貪污，而且他自己的收入很多都拿出來佈施。他當時辦義田，把自己的錢都拿去買田地給那些讀書人，家裡經濟生活比較緊張的，就買個田讓他自己耕種，邊耕種邊讀書，這是義田。所以他的錢都拿來做這個善事，他自己沒錢。那麼寺院來找他的時候，他說這樣吧，我給你寫個紙條，就告訴他黃金埋在大樹底下。結果那些出家人回去，真的把黃金給挖出來了，正好可以修復寺院。范仲淹為官清廉，真正是廉潔奉公，從哪裡培養？就是從年輕時代，有艱苦奮鬥的習慣，有防止驕奢淫逸的這種作風，所以他才能有這樣的成就。他的子孫一直綿延，一直到民國的時候都非常的昌盛。所以我們看到守身防止驕奢淫逸真的很重要。范仲淹先生有名的詩句「先天下之憂而憂，後天下之樂而樂」，他心裡存著這樣偉大的志向，為國為民，因此他能夠吃苦。

有人說，要防止驕奢淫逸，也是不容易的事情。你看古人，只要在這方面有冰清玉潔的操守，這種人就能夠有大的成就。在唐朝時候，有一位名宰相叫狄仁傑，狄仁傑在年輕的時候也是一位英俊少年。有一次他上京趕考，來到一個客棧，晚上過夜。這個客棧的主人，是一位剛剛死了丈夫的寡婦，還是一位少婦，長得也很好看。看到狄仁傑風度翩翩，就生起了愛慕之心。結果晚上就來敲門，狄仁傑正在看書，聽到有人敲門，打開門一看，怎麼是一個少婦？打扮得很漂亮，站在門口。她說明來意，狄仁傑才知道，原來她有這個目的。於是冷靜下來，跟這個少婦說，我在以前遇到個老和尚，這個老和尚會看相，告訴我說，我的相主貴，能夠有很高的

位置。但是要注意在美色關頭不要失足，如果一失足，就不可能有這種成就了。

狄仁傑當時也問，如果美色當前的時候很難控制，那如何不亂？老和尚就告訴他一種方法，可以幫助他把這個淫欲的念頭放下，這個方法叫不淨觀。老和尚就說，美色當前的時候，你得要知道這個美色只是表面的一層皮而已，不要被她的面皮給蒙蔽，你要知道面皮裡頭都是膿血，裡面其實都是很骯髒的東西。你看醫院裡面做手術時流出來的這些血，都是面皮底下的東西，更何況我們身體裡面這些內臟，存著很多屎尿、不淨之物。人體就是這樣子的，這麼一個臭穢的皮囊，而且還是兩頭開著口的皮囊，如果是一個糞袋，你把它兩頭紮著口那還好點，但人體是兩頭還開著口。你這樣去思考，你就能夠把自己淫欲的念頭放淡，這樣子就能夠保住你的功名。

所以狄仁傑就跟來的這個少婦這樣說，也讓她以這個不淨之觀來保證自己的念頭。結果這個婦女聽了他的教誨也非常的感激，也能為自己的丈夫守節，甚至她的貞潔還得到了朝廷的表彰，狄仁傑後來也成為了宰相。等他做了宰相，他就提倡銷毀那些淫書，那些黃色的東西，因為那些都是污染人心性的東西。所以戒淫是守身之要，要防止驕奢淫逸，特別是這個淫字。

在這裡給大家講一個案例，這個案例也是很著名的，是民國的一位詩人，叫徐志摩，原來北大的教授，他的詩很有名，可是他的婚變史比他的詩還有名。徐志摩他出生在一個富貴家庭，父親是做生意的，家裡很有錢，可能從小到大都是嬌生慣養。後來父母給他娶了太太，給他成家，他娶的太太叫張幼儀，是一位受到中華傳統美德教育的一位婦女，非常賢慧！能夠在家裡相夫教子，這麼一個人。但是，徐志摩他後來到了英國去留學，他太太生了一個孩子，就留給父母來撫養，她就跟著徐志摩在英國陪讀。這個徐志摩就在英國，又遇到了另一位女性，叫做林徽音。林徽音也長得很好看，

也很有才華，而徐志摩也很有才華，所以徐志摩就追求她，忘記了自己是有婦之夫。林徽音知道徐志摩已經是有家庭的人，就不願意跟他在一起。徐志摩就因為這個事情逼著他的太太跟他離婚。當時他太太都已經有身孕了，徐志摩甚至惡狠狠地說要讓她去墮胎。他這樣子對待他的太太，而且口口聲聲說他的太太是土包子，不能配他這個洋留學生，他要成為中國歷史上第一個離婚的人。

你看徐志摩，當時中國沒有聽說離婚的，徐志摩他想成為歷史上第一個離婚的人。之後他的太太沒有辦法，徐志摩甚至拋棄他的太太離家出走，剩下他太太一個人在英國，不懂英文，又懷了孕，所以非常的可憐、非常的傷心，甚至想到自殺。後來幸虧她想到《孝經》裡的一句話，「身體髮膚，受之父母，不敢毀傷，孝之始也」，於是就打消了自殺的念頭。她在德國的這些兄弟就跟她講，「你不能夠墮胎，你到德國把孩子生下來，我們來撫養」。最後，張幼儀就到了德國，把孩子生下來了。結果徐志摩又趕到了德國，逼他太太跟他離婚，甚至對新生的這個小孩都不理會，所以張幼儀也是心都寒了，於是就在離婚書上簽了字。他如願以償了，成為了中國歷史上第一個離婚的人。

離婚以後，徐志摩感覺到自己像出了籠子的小鳥，就又飛回到英國去追求林徽音。可是當時林徽音已經回國了，在北京嫁了另外一個人，所以徐志摩是賠了夫人又折兵。後來就到了北京，在北京大學任教。在北京，他又結識了另外一個女性叫做陸小曼，陸小曼也是有夫之婦。因為這個陸小曼也是很有才華、長得很美的才女，徐志摩就去追求她，結果後來陸小曼也離婚，這兩個人就結合了。當時徐志摩的父母非常的忿恨，斷掉了給他的供給。原來徐志摩是靠他父母養活，所以能夠有很豐厚的生活。徐志摩的老師梁啟超，也非常氣憤，甚至罵徐志摩，說：「像你這樣喜新厭舊的品行，你的事業、你的學業也不可能有成就。」

確實，在《弟子規》上講：「德有傷，貽親羞」，夫妻是道義

的結合。徐志摩喜新厭舊，道德有了虧欠，讓父母蒙羞，怎麼能夠說是孝？他是不孝之人。不孝之人的後果也是非常悲慘的。我們知道，徐志摩的父母斷掉給他的供給之後，他要靠自己養活自己。跟陸小曼結合，這陸小曼她也是一個驕奢淫逸的人。後來她喜歡上海的浮華生活，就到了上海，跟演員們都打得火熱。結果後來還吸食鴉片，弄得生活很緊張，這夫妻倆就整天吵架，就沒有一個幸福日子。

　　徐志摩在北京大學教書，經常來往於北京上海之間。在坐飛機的時候，以前的飛機都比較老舊，結果飛機失事墜毀，徐志摩就這樣結束了他三十五歲的生命。你看，這樣年輕的才子，他的後果就是這樣的悲慘。這是《弟子規》上講的「不力行，但學文；長浮華，成何人」，他只懂得吟詩作對，不能夠真正把中華倫理的道統去落實，這是「長浮華，成何人」。怎麼能夠說有成就？只能成一個不孝之人，所以他的下場也是悲慘的。

　　我們反過來看看徐志摩的前妻張幼儀，這位受到了傳統教育的女性，非常的賢慧。雖然她的丈夫拋棄了她，但是卻沒有改變她對公公婆婆的孝敬，依然孝敬徐志摩的父母。徐志摩的父母把她認作義女，她就侍奉在他們的身邊，而且把徐志摩留下的孩子拉拔大。

　　張幼儀在德國接受了德國先進的技術教育。後來回到上海，在上海開了個服裝公司，後來又做了女子銀行的總裁，生意做得很好。而且她度量很大，徐志摩死了以後，她還經常寄錢給陸小曼，來接濟陸小曼的生活。所以你看看，張幼儀真有這樣一種品行，能夠堅持孝道，所以她的結果非常好，她後來活到了八十九歲，一直都很好。所以我們看到，一個人真正落實孝道，他人生一定是幸福的；一個人如果他是不孝的人，他的下場必然是悲慘的，特別是在驕奢淫逸上犯了錯誤，後果一定是不好的。

　　驕奢淫逸，要防止它也很重要，那如何去防治？這裡，我給大家介紹兩個方法：第一，學習榮辱，立志高遠。這個八榮八恥，

它是古八德現在的說法，可以說，能夠落實榮辱，能夠知道什麼是恥，做人就會有一種正氣。立志要高遠，古人勸我們「人皆可以為堯舜」，人人都能夠像堯、像舜那樣成為聖賢人物，所以我們要立志成聖成賢，特別是年輕人，讀書志在聖賢。孫中山先生勸導學生們，「我們年輕人要立志做大事，不要立志做大官」，所以立志要高遠。如果沒有很好地去學習榮辱，沒有很好地立志，孟子說的就很不客氣了，孟子說：「人之有道也。飽食、暖衣、逸居而無教，則近於禽獸」，這道就是一個規律，就是說人總有這麼個規律，如果你飽食、暖衣、逸居，就是吃飽了，穿暖了，生活也很安逸，這個時候如果不接受聖賢教育，不接受榮辱觀的教育，那則近於禽獸，就跟禽獸差不多了，確實是如此。所以學習道德榮辱非常重要，而學習不能夠只把它當作一個空洞的口號來學習，那樣學不到心裡去，真正要用到了自己生活當中，落實到自己每天工作生活當中，這才是真學。

立志，力量是很大的，能夠自己把驕奢淫逸的念頭給斷掉。在古代，有一位儒生，叫作劉理順。劉理順年輕時候，出身也比較貧寒，所以他要在一個富貴人家那裡當家教，做私塾先生，就寄居在主人家裡。那劉理順也是一個非常有風度、有學問道德的人，主人很喜歡他。於是就特別安排了一個長得年輕貌美的女孩子，來照顧他的生活，做他的侍女，就住在他的房間裡三年。結果三年以後，劉理順準備上京趕考，就辭別主人了，特別感恩主人對他的生活方面的照顧，還安排了這麼聰明伶俐的一個女孩子，來照顧他的生活。現在他要上京趕考去了，請主人把這個女孩子另外選配嫁給他人。這主人聽了之後就不高興了，就問劉理順說：「這個女孩子陪先生三年了，感情總該不錯，你就把她留下來做你的侍妾吧。」劉理順聽了主人這麼一說，就很嚴肅地說：「主人，你不要誤會我，我是一個讀書人，是一個以聖賢之道為志向的人，怎麼能夠說自己的學業沒有完成，而談婚論嫁？」結果主人聽了之後就半信半疑，

哪有說一個人見到美色而不亂的？他不相信。於是就請人去盤問這個女孩子，還給她驗身，真的發現她是清白的。主人非常地敬佩劉理順的操守，真的是冰清玉潔。後來劉理順上京趕考也考上了狀元，成為了一代儒學大師。

劉理順為什麼能夠見色不亂？這是因為他有「讀書志在聖賢，為官心存君國」的理想，希望能夠把聖賢的和諧大道、古聖先王的至德要道，能夠在社會上推行。所以他自己以聖賢的標準來規範自己，所以他才能有這樣好的成就。古人講的功名，現在我們說是學位，進士好比是博士，古人是秀才、舉人、進士三個等級，現在我們說學士、碩士、博士，這是學位的名稱。所以你看，現在人學習期間，基本上有個規律，看到一個孩子，如果過早談戀愛，我們就知道，他的學習一定不會好的，很難！我們說功名不保。你看現在學校裡的，中學生談戀愛的相當普遍了，甚至小學裡的學生都會有。這樣學業怎麼能夠成就？我當時念書的時候，我母親就叮嚀我，防止驕奢淫逸，她就明白地告訴我：「讀書的時候，你不能夠談戀愛」。所以我到了美國留學，都保持著比較清淨自守的生活，就不談這些事情，所以學業完成得也都很快速。一個人，我們知道，只有防止驕奢淫逸，才能夠幫助我們很好地落實孝道，也才能很好地報效國家，報答人民的栽培，這是第一個方法。

第二個方法，如何防止驕奢淫逸呢？就是「非禮勿視，非禮勿動」。這是說不好的那些場合，不健康的這些書報、電影，網路上的那些不好的畫面，我們不去看，非禮勿視。這個非禮勿動，就是不好的場合，我們不要進去，不該做的事情不能去做。《弟子規》上就教導我們：「非聖書，摒勿視；蔽聰明，壞心志」，那些黃色的、污染的東西看了以後，就會蒙蔽我們的聰明，污染我們的心志。所以我們要真正成就冰清玉潔的操守，就要從生活中點點滴滴地去護持自己。《弟子規》上講：「鬥鬧場，絕勿近；邪僻事，絕勿問」，不健康的場合，不健康的事情，我們都不去、不講。我

們每個人，不好的場合我們不去，這樣就能夠保證我們不去驕奢淫逸，防這個淫，戒這個淫。

我們現在稍微總結一下，所謂「百善孝為先，萬惡淫為首」，所有的善行，這個孝是根本，八榮八恥也是以孝為根本。而防止驕奢淫逸，在現今的社會，特別是我們富裕起來之後，這件事情最重要！我們看到，這個八榮八恥，從哪裡落實？就是用這個孝字來落實，以孝來貫穿這個八榮八恥榮辱觀的教育，這樣就能和諧社會、和諧世界。最後，我想用簡單的幾句話，來結束我們今天的報告。

我的結束語是：和諧社會是大道，八榮八恥是大德，從孝入手是起點，把孝心獻給父母，把忠心獻給國家，把愛心獻給人民，把信心留給自己。謝謝！

百善孝為先

時間：西元2008年八月

地點：盧江中華文化教育中心

尊敬的各位長輩、尊敬的各位老師、各位大德：

大家早上好！今天，再次到中心，向各位長輩、向蔡老師以及各位老師、各位大德來請教，後學茂森感到非常榮幸。

本次幸福人生講座安排給後學的講題是《百善孝為先》。後學在學習孝道方面實際上也是很不夠的，但是我們現今的社會由於文化教育方面的疏忽，有很多亂象發生，志士仁人看到這種現象，都在呼籲恢復倫理、道德、因果的教育。後學也有感於此，義不容辭來到此地，不揣淺陋，為大家做一個報告。

本次的演講分為三個方面。

第一個方面，為何稱孝是百善之先？

第二個方面，什麼是孝的真實義？

第三個方面，我們來學習如何行孝。

最近後學在錄製《孝經》的解釋，所以也有很多的經文引用到《孝經》，剛才諸位在讀《孝經》，相信對《孝經》也應該很有體會。所以我們在這裡也把《孝經》這些精神、內涵，提取一些來做分享，當然也會結合後學從小到大所接受的父母的培養，在學習、力行孝道方面給大家做個報告。

一、為何孝為百善先

（一）和諧是人類亙古不變的追求

首先，我們來看第一個主題，為何稱孝是百善之先？

百善，泛指所有美好的、善的方面。西元2006年四月，在杭州舉行了首屆世界佛教論壇，會議的內容是探討如何落實和諧世界，主題是《和諧世界從心開始》，而追求的目標就是：人心和善、家庭和樂、人際和諧、社會和睦、世界和平。這些都是自古至今，從天子到平民百姓都在追求的理想。

如何得到這個理想？時至今日，我們都在提倡構建和諧社會、構建和諧世界，以人為本，希望整個國家、百姓都能過上幸福和樂的生活。

那麼如何能得到呢？

（二）「先王有至德要道」——曾子謙卑受教

早在二千五百年前，孔老夫子已經向他的學生曾子傳授了和諧的精要。

一天，孔老夫子跟學生曾子坐在一起，曾子在老師旁邊侍候，孔老夫子發問：「先王有至德要道，以順天下，民用和睦，上下無怨，汝知之乎？」古聖先王，有構建和諧世界的法寶，「以順天下」。什麼叫和諧世界呢？讓天下民心和順，人民都過上和睦的生活，上下、尊卑、貴賤都能夠和諧相處，這不就是和諧社會嗎？這就是先王的至德要道，至德是至高無上的德行，要道是非常重要的方法。

曾子一聽，老師提問的是關係到和諧世界的大問題，於是馬上從座位上站起來，向老師行禮，說：「參不敏，何足以知之。」「參」是曾子的自稱，他名字叫參。古人都非常地謙虛，作為一個

晚輩向長輩們請教，都會自稱名字。曾子說：「我並不聰明，怎麼可能知道先王的至德要道呢？我很想學習，請老師詳細地說明。」

這種謙遜、恭敬的態度，使得曾子成為孔老夫子的傳人之一。曾子對老師的謙卑、恭敬，是因為他心裡尊師重道。他的心是重道的，所以外在表現出來的就是尊師，尊師就會重道，重道必定尊師。所以孔老夫子看到曾子這樣的恭敬、好學，哪能不把自己平生的學問和盤托出呢？

曾子為什麼能夠如此尊師重道？

因為曾子本身就是大孝子，《二十四孝》裡面就有他。典籍裡記載了，曾子對母親的至孝，達到了感通。

有一次，曾子上山砍柴，家裡突然來了客人。他母親不知道怎麼接待，心裡著急，兒子在山上什麼時候能回來呢？就想了個方法：咬自己的手指。十指連心，一咬下去，就很痛。母親的手指一痛，曾子在山上就感到心痛，他立即就從山上往回趕，原來家裡來了客人。他母親告訴他說：「不知道怎麼把你喚回來，所以就咬自己的手指，希望讓你得到些感應。」曾母這種方法比現在用手機還強，手機還有電磁波，還有副作用，對大腦還不好，人家一咬手指就已經感應到了。這是什麼原因呢？曾子是念念想著母親，因為這種至誠、至孝，才可以感通。現代人可能覺得不可思議，我們就更可以感受到曾子孝心的那種純度。

大孝子在老師跟前，孔老夫子當然要對他講《孝經》，所以曾子是得《孝經》之宗要者。他自己本身孝道做得好，為什麼還說，不足以知道先王的至德要道呢？他對孝的體會那麼深了，難道還「不足以知之」嗎？確實他講的也是實話，不只是謙遜而已，因為孝道的含義極深極廣啊，不是聖人就「不足以知之」。所以孔老夫子要跟曾子繼續往下講，是因為看到他有基礎了，有基礎了之後，才開始講孝道。

◎孔老夫子畢生所學的精華

──「夫孝，德之本也，教之所由生也」

所以夫子就跟曾子講到，「夫孝，德之本也，教之所由生也」。這句話是孔老夫子畢生所學的精華，此時對曾子是和盤托出。孔老夫子自己說：「吾志在《春秋》，行在《孝經》。」孔老夫子做《春秋》，「亂臣賊子懼」。這是因為《春秋》褒貶善惡，孔老夫子的志向都已寫在《春秋》這部書裡面了。孔老夫子的行門就在《孝經》當中，所以說「行在《孝經》」。所以整個儒家的學問落實，就在《孝經》。

孔老夫子的行門，也就是《孝經》開宗明義第一句：「夫孝，德之本也，教之所由生也。」孝道是一切道德的根本，一切聖賢教育都從這裡出生。聖人教學是抓住了根本，抓住綱領。大道至簡，什麼是先王的至德要道？怎麼樣和諧世界？怎麼樣為萬世開太平？就一個字──「孝」。

◎《孝經》的行門在《弟子規》

《孝經》是一部難得的經典。《弟子規》也是開宗明義：「聖人訓，首孝悌。」「聖人訓」就是聖賢的教育，「首孝悌」，這講的不就是「教之所由生也」嗎？所以《弟子規》講的也還是《孝經》的內容，它是把《孝經》更具體落實了。所以孔老夫子的行門在《孝經》，《孝經》的行門在《弟子規》。

所以今天，我們看到中心的老師們在這裡大力地提倡《弟子規》的教學，自己以身作則，正己化人。感化了湯池鎮這一個地區，民風變得這麼純樸；獲得聯合國教科文組織的關注，有這麼多的團隊來訪、參學，要推廣這種教學理念。我們就看到孝道真正在落實，和諧示範鎮在落實，和諧社會、和諧世界也從此開始。今天後學了解到，在座的諸位仁者、大德來自於世界各地，都是仁人志士，希望我們把先王的至德要道學到，回去即可和諧社會、和諧世界。

（三）以孝治天下的聖人——舜王

◎心中不放父母的過失

以孝治天下，和諧世界的先例有沒有？有！早在四千多年前，舜王，大家都熟知的《二十四孝》之首——大舜，他是一個出生於平凡家庭的孩子。母親很早就過世了，父親娶了後母，這個後母偏愛自己的親生孩子而虐待舜。父親也糊塗，跟著他的繼母虐待舜，甚至千方百計要把舜置於死地。《尚書》記載，舜有一次下到井裡工作，他父母就把土往井裡填，想把舜活埋在井裡面。舜很有智慧，從事先在井底下挖好的通道逃出去了，沒死。回到家裡，父母看到他後吃了一驚。但是舜好像什麼事情也沒發生，臉上沒有絲毫的怨恨表情，連心裡都沒有絲毫怨恨的念頭，對他父母還是照樣盡心竭力地行孝。之後他父母也有好幾次要謀害他，舜都用智慧化解了。而他的孝心自始至終都沒有改變，總是覺得因為自己不夠孝順，才會讓父母這樣對待他。

真的聖人，會「行有不得，反求諸己」。他念念想著自己不對，絕對不看別人有沒有過失。別人的過失就是自己的過失。為什麼呢？因為舜的眼裡看父母跟自己就是一體的，父母有過失不就是自己的過失嗎？如果是看父母有錯，自己沒有錯，這個念頭已經是跟父母對立起來了，父母跟你就不是一體了。不是一體，你才會覺得我對他錯。就好像你看到左手犯了過失，那右手會責怪左手嗎？真正的明白人知道，左手犯過失就是我整個身體在犯過失啊，因為是一體的。所以父母跟我就是一體，怎麼能責怪父母呢？因此舜處處都是反求諸己，最後把父母感化了。不僅父母感化了，鄰里鄉民被全部感化，當時鄰里鄉民也不是很大的範圍，就像我們此地文化中心在這裡建立，就感化了湯池鎮。

◎感化萬物　象鳥耘耕

自己努力行孝、行善，感化一方。人被感化了，動物也感化

了。據史料記載，小鳥在舜出來工作的時候，會飛出來幫舜鋤草，大象會出來幫舜耕種。當時天子堯也聽到了這樣的故事，很感動。國家竟然有這樣的大孝子，趕緊要請他出來為國家、為人民服務。所以就聘請他幫助自己治理天下，並把自己的女兒也都嫁給了舜。舜娶的是公主，很幸福。而且公主都非常地孝順，到了舜的家裡，絲毫也沒有公主的架子，對待公公、婆婆盡心竭力地行孝，這都是善有善報。

後來堯把天子的位置也禪讓給舜，所以舜做了天子，萬人之上。他治理國家還是以自己這顆純孝之心，看待百姓猶如自己父母，所以當時治理天下真的是風調雨順、國泰民安、上下無怨、社會和諧。大舜憑什麼能夠得到幸福的人生、和諧的社會？憑的就是孝道。

◎親憎我 孝方賢

所以《孝經》上告訴我們——以孝治天下。孝治章告訴我們以孝治天下，結果就是「其教不肅而成，其政不嚴而治」。教育從自己做起，感化一方，自自然然，不用很嚴肅的方式，教化推行起來也很順利。不用那種嚴厲的手段，或國家機器（軍隊、員警），也可以做到社會安定，天下太平。

我們來分析一下，舜最難能可貴的地方在哪裡呢？就像《弟子規》這句話——「親愛我，孝何難；親憎我，孝方賢」。父母愛我們，我們孝父母並不算是難事，雖然不難，還是要盡心竭力地做，如果不做，那真的是大不孝。而舜最難能可貴之處就在於，「親憎我」，他還能夠行孝。

父母陷害他、虐待他，極深的對立，極深的仇恨，但是舜在心目中完全沒有計較，內心裡沒有絲毫的對立、衝突、矛盾，統統沒有。所以這就是聖人，聖人心目中沒有對立。古人講得好，「仁者無敵」。什麼是真正的仁者？就是仁慈的人，聖人是仁者。仁者心目中沒有敵人，不但沒有敵人，而且沒有對立，甚至是，沒有你

我，沒有自他。所謂自他不二，整個天下就是一個自己，就是一體。說到究竟處，整個天地、整個宇宙萬物就是一體，就是一個「我」。所以他行孝行得這麼自然，沒有絲毫的造作。

◎舜其大孝也與 德為聖人 尊為天子

因此，孔老夫子在《中庸》篇裡面讚歎舜說：「舜其大孝也歟，德為聖人，尊為天子，富有四海之內，宗廟饗之，子孫保之」。

舜大孝的果報，無比殊勝，不可思議。他的德行堪稱為聖人，他成就了聖人之德；他的地位尊貴，做到了天子，尊貴到了極處；富有，四海之內莫非王土，天下都是他的財產，富有到極點。他人生幸福成功到了極處，他治理天下，天下和平，萬世子孫都紀念他。「宗廟享之」，宗廟是用來紀念他，給他做祭祀的。「子孫保之」，他的子孫到現在都有很多。所以有百世之德者，必有百世子孫保之；有萬世之德者，就有萬世的子孫保之，全在他的德行。

◎人皆可以為堯舜

大家聽到舜的這種至孝達德，心裡一定很讚歎，但是有沒有生起一個效法的心呢？如果想他是聖人，聖人才能做得到，我做不到，這太難了……

孟夫子云：「人皆可以為堯舜。」大家不要灰心喪氣，要有自信，對自己要有信心。孟子不會騙我們的，他說：「人皆可以為堯舜。」在座的每一位大德，你們都能成為像堯、像舜一樣的聖人，能不能？這個和音很寡。大家不敢承擔嗎？是後學還沒有把這個道理講明白。

◎堯舜之道，孝悌而已矣

堯舜怎麼去成就？孟夫子跟我們又說了一句話，「堯舜之道，孝悌而已矣。」聽了這句話大家有信心了吧？怎麼樣成就像堯、像舜那樣的聖人？孝悌。行孝你如何落實？給父母做頓飯、端盆洗腳水、關懷父母，照顧父母，每天一日三省，從這裡做起。就這麼樣

簡簡單單、平平實實。經典就是生活，聖人的生活就是這樣子的，沒有什麼玄妙的，「孝弟而已矣」。

（四）人生會讀的第一首詩——《遊子吟》

我們今天討論如何來行孝，如何能把先王的至德要道落實到自己的生活當中，自己做聖人。

後學非常慶幸有一位好母親，在我很小的時候，就很注重對我的教育，當我還不會講普通話的時候，她就教我學一首孝道的唐詩，這首唐詩膾炙人口，大家都會念，我在這裡先給大家朗誦一遍，《遊子吟》，這是唐朝孟郊的一首詩。「慈母手中線，遊子身上衣；臨行密密縫，意恐遲遲歸；誰言寸草心，報得三春暉」。這首小詩是母親在我三、四歲的時候，用粉筆寫在家裡的木門板上，一個字、一個字教我念的。我是廣州人，從小在廣州話的環境裡成長，所以不會講普通話，現在普通話比廣東話講得好。當時母親教會我念這首詩後，我才學會講普通話。所以這首詩是我的人生第一首詩，第一首普通話的詩。

後來母親告訴我，當時她教這首詩，是想讓我背下來，足足教了一個多月。我當時夠笨的吧，這麼幾句話，像我們中心子弟小學的孩子們，恐怕五分鐘就背得爛熟了。我學了一個月，說明資質很差。但是母親教得是非常耐心，外祖母生前的時候，有一次看到我媽媽教我，教得那麼耐心，但卻怎麼教都教不會，她在旁邊都搖頭歎息，說這孩子真夠笨的，怎麼教都教不會。

（五）上大學寫給母親的賀卡

這說明什麼？我原來的基礎、素質是很差的，但是能教到今天這樣，也證明人是可以教得好的。母親從小學、中學、大學，一直在細心地培養我。後來考初中，我母親自公司請假回家，在家一個月教導我準備考試。小學考上初中，考了廣州黃埔區第一名。後來

中學是在廣州市的華南師大附中,這是廣東省的明星中學。我的成績也越來越好,後來考上廣州市中山大學。所以雖然資質差,但母親一直耐心地培養,就把我扶上去了。上了大學突然感覺好像人長大了,回思母親的辛勤培養,給母親寫了一封小賀卡,表示自己的感恩之心。這張賀卡想跟大家先分享一下:

親愛的媽媽,回首往事,您十多年的培養,才使我能在這嶺南第一學府——中山大學讀書,使我在中大最好的專業深造,在感恩之際,我只能用一句話表達我的感恩之情:誰言寸草心,報得三春暉。

《遊子吟》這首詩,你看它講的是一個非常平實的、很簡單的一個小生活畫面,就是一個孩子要出外遠行了,母親給他密密地縫製衣服。為什麼密密地縫製衣服呢?因為母親的心總替兒子著想,擔心兒子出遠門,可能是因為留學、工作、生活會緊張,衣服要是破了,就會給生活帶來很大的不方便,所以母親給他密密地縫,一針針,一線線,寄予了母親對兒子無盡的牽念。就這樣一個平凡的生活畫面,詩人把慈母的心境,以及對兒子的那種深恩表露無遺。

所以詩人歎息,「誰言寸草心,報得三春暉」。這就像小草接受陽光溫暖的照耀而成長。有朝一日,我們突然長大了,想到母親的恩德怎麼樣才能夠報答?母親的恩德就如三春的太陽,我們就像小草想要報恩,如何能報得盡?所以我們慢慢地長大以後,越來越體會到母親這種無微不至地培養、教導,真是恩重如山。母親的恩德就像昊天一樣廣大無盡,永遠報答不完,所謂「欲報之德,昊天罔極」。

（六）留學前母親的祝福

當我上了大學以後,母親表達了一個心願,說她很希望我能夠

出國留學深造，在國外學到很好的科學技術，將來能夠成為一個對社會有用的人才。於是我上了大學就認真地學習，準備出國留學，後來也很順利，大學畢業了就到美國去留學了，攻讀碩士和博士。那是西元1995年，二十二歲，當我正準備踏上赴美留學的旅途的時候，母親給我寫了一封小小的賀卡，給我慶祝臨行前在國內的最後一個生日，我想把這個賀卡也給大家分享一下：

　　茂森兒，我的祝福將伴隨你走遍天涯海角，我的心願將附麗於你清淨光明的一生。

母親
一九九五年四月

（七）范公德風傳千載

◎拜別母親　琴書天涯

　　這一回我真的要做遊子了，在踏上出國留學路程之前，心裡很感慨，當時想起了母親從小教導的聖賢道理。有一位范仲淹先生——宋朝的名相，家境很貧寒，他的父親早亡，母親改嫁到朱姓人家。到范仲淹長大了以後，被朱家人排擠，知道了自己的身世，他就辭別母親，到一個書院裡去讀書考取功名。在跟母親拜別的時候，他安慰母親：「您等我十年，十年以後我一定衣錦還鄉，回來接您老人家去安度晚年。」說完以後，就帶著一把古琴和佩劍，還有幾本書告別了母親。到了一個破舊的書院去苦讀。

◎斷虀畫粥　書院苦讀

　　因為跟母親有了這樣的承諾，所以范仲淹讀書非常地勤奮。史料記載，他五年讀書都是不解衣帶，和衣而睡。真的是「三更燈火五更雞，正是男兒讀書時」。每日聞雞起舞，挑燈夜讀，都是這樣度過的，生活非常地清苦。每天他就煮一鍋粥，待它冷凝後，切成

一塊塊的，配幾根鹹菜，一餐吃一塊。鹹菜古時候叫齏，所以叫斷齏畫粥。

范仲淹先生用這種清苦的生活，來砥礪自己的志向。他的一個同學，是一個富家子弟，看到他生活這麼貧苦，給他送來一桌酒席。過了一段時間又去看他，發現那桌酒席原封未動，他就問范仲淹先生：「你是不是不喜歡我給你送的東西啊？」范先生說：「不是的，我是怕今天吃了你這桌酒席，來日就吃不下自己的稀粥鹹菜了。」

◎接母盡孝　憂樂天下

因范先生的這種氣節，這種志向，皇天不負有心人，他後來很快地考上了功名，進士及第，衣錦還鄉。他沒有用十年，只用八年就回家把母親從朱家接出去了。後來范仲淹當上了宰相，而且是出將入相，能文能武，寫下千古名篇《岳陽樓記》，「先天下之憂而憂，後天下之樂而樂」。這是聖賢人的高尚情操。他為什麼能有這種先憂後樂的情懷呢？他這種存心還是源於至誠的孝心，把愛敬父母的存心擴大到愛敬天下人，所以他才能做到「先天下之憂而憂，後天下之樂而樂」。

◎義田濟貧　興學辦教

范先生一生為朝廷、為百姓，為推廣儒家的道德文化不餘遺力，真的是鞠躬盡瘁，死而後已。把自己所有的積蓄都拿來做佈施，培養人才，救濟窮人，包括培養一些年輕的上不起學的孩子。他把自己家的田地用做義田來供養讀書人，來復興傳統文化教育。所以范先生當時在歷史上不僅是一位有名的政治家、文學家，也是一位傳統文化的振興者。

◎孝悌傳家　風範長存

由於他這種孝悌仁愛的存心，家風都非常正。

范仲淹的兩個兒子——范純佑、范純仁，都是繼承了父親的這種品德。范仲淹先生晚年在家養病，當時朝廷想聘請他的兒子范純

仁出來做官，范純仁拒絕了，他要在家裡侍奉自己的老父親。當朝廷後來又聘請他出來的時候，正逢兄長范純佑也在家裡養病，他就又在家裡照顧自己的兄長，所以孝悌做得非常好。

他自己說，豈可重祿食而輕父母？雖然有朝廷、皇上的聘請，但是我不可以為了那些俸祿，為了名聞利養而忽略了我的父母。這句話的意思是要把孝順擺在第一位，把事業擺在第二位。

（八）赴美留學的日子

◎拜別慈母　約定歸期

在出國留學前夕，我也是心潮起伏，母親從小到大對我的諄諄教導，好像一下子都湧現出來了。所以我立志到美國讀書要勤奮用功，拜別母親說：「母親，請您等我七年。」為什麼說七年呢？因為我母親希望我拿到博士學位再回來。在美國讀書，讀碩士大概要兩年到三年，讀博士大概要四年到五年，所以合起來也要七年時間。所以，我跟母親說，請您等我七年。我的母親早年跟我父親離異了，所以我跟我母親相依為命。

范仲淹先生也是一個單親的孩子，所以讀到范仲淹先生的故事，心裡也是覺得很有一種說不出的感慨。現在母親為了成就我，希望我出國深造。所以我就肩負著母親的祝福、母親的心願，遠渡重洋，到美國路易西安那理工大學去讀書。這個學校給我獎學金，因為我家裡並不富裕，如果沒有獎學金，是很難維持昂貴的學費和生活費用的。

◎嚴師的造就

當時在大學留學期間，拿獎學金的條件之一是需要為自己的指導教授去工作，每週要二十個小時。當時我們學校有一位很著名的經濟學家，他一個人的著作比全系所有其他教授的著作還要多。這位教授對學生要求很嚴厲，沒有人敢跟他一起做事情。當時我是初生之犢不怕虎，說：「哪裡有獎學金的位置，我就去。」於是就為

這位教授做事情，結果沒想到這位教授是那樣嚴厲。

舉一個例子來說，我是做助理研究，一週工作二十小時就夠。可是他的工作量沒有四十小時是做不完的。當他交給我任務的時候，我會請問他：「老師，您這個工作什麼時候需要完成啊？」老師就把臉一板說：「我昨天就想要了。」所以以後就不用問了，趕緊去做吧。就這樣努力勤奮地去工作。一般的同學都受不了，特別是美國的學生在他的門下換了又換，都沒有能夠堅持到底的，四年從頭到尾堅持下來的只有我一個人。

◎從小母親的磨練

我為什麼能夠堅持到底呢？後來想到，還是得力於從小所受的家教。父母對我要求是很嚴格的，雖然是獨生子，但是父母並不會溺愛我、嬌慣我，尤其是我母親。一般做媽媽的，哪個不疼愛兒女啊？但是母親疼愛我是很有智慧的。

講一個小例子。我三歲到六歲，是在廣州市第一幼稚園上學，全日托兒的，禮拜一把孩子送過去，禮拜六再把孩子接回家。

母親把我送到那裡，實際上是為了鍛鍊我，讓我能夠學習獨立生活的能力。每個禮拜一早上母親就會拉著我，翻過一個小山──越秀山，從我們家走路走四十分鐘走到幼稚園。禮拜六再把我從幼稚園接回來。所以每次上幼稚園的時候，我母親都讓我背著一個書包，裡面放著一週所用的書本、衣服、用具，鼓鼓的一個書包，幾歲大的孩子，讓我背著，然後拉著我走。

結果有一次走在路上遇到一位同事，看到我媽媽拉著一個這麼小的小孩，背著這麼沉重的書包，就抱不平說：「你怎麼能夠讓一個這麼小的孩子背這麼重的書包啊？」我媽媽聽她這麼說，也沒有跟她辯論，各人的教育理念不一樣。但是媽媽馬上從我的身上接過書包，等那個人走了以後，又把書包還給我。所以我的小腿粗粗的，鍛鍊出來的。上了中學、大學都是運動員，游泳、田徑，都是廣州市拿名次的。從小身體素質就很好，是鍛鍊出來的。而最關鍵

的是母親鍛鍊了我自己荷擔重任的能力和心理素質。所以到了美國留學的時候，教授怎麼考驗我，我都覺得還是能夠應付，還很自然，從小就有荷擔過重任。

◎留學生活的艱辛

留學期間因為生活拮据，並沒有錢拿去做任何的娛樂，心也很集中。當時生活也比較清苦，從國內帶的東西不多，帶了一條毛毯，也沒帶什麼炊具。剛好到美國以後，有一位學長剛剛畢業，他用了很多年的快鍋，已經不快了，這個不快鍋上的快閥都不見了，只有一個蓋子，只能當一般的鍋使用，他要扔掉，我說，你就給我用吧。那我就省下了買鍋的錢。於是就拿著這個快鍋來做飯、做菜、煮湯，用了四年。

跟同學們一起合住，都住最便宜的宿舍，離學校比較遠。冬天不肯開暖氣，夏天不肯開冷氣，冬天有時候很冷，一條毛毯不夠用，於是就把自己的大衣、衣服全部都蓋上來，把書本也壓上來，這樣來過冬了。所以當時每天穿著同樣的衣服，也沒有那種花哨的想法，心裡還覺得很充實。

◎寫給母親的信

在美國過第一年冬天的時候，西元1996年一月七日我給母親寫了一封信。在美國是每兩週給父母寫一封長信，每週給父母打一次長途電話，向父母報告自己的學習、生活，也讓父母安心。這封信幾個片段提出來跟大家分享一下：

冬天的路易西安那州挺冷的。我們這兒晚上一般都在零度以下，有一天早上起床，竟發現天上飄落許多雪花……目前是最冷的時候，我可以挺過來，便可省些錢，無須買棉被了。儘管冷，我仍然保持每週一兩次的冷水浴，在冷水浴時我可以鍛鍊自己忍受。

我目前的學習、生活都較單調，每日穿同樣的衣服，吃同樣的菜飯，走同樣的路，讀同樣的書。我盡量讓自己在單調中求單調，

使自己躁動的心熄滅。我每日早、晚警示自己安住單調的生活，做至少七年的機器人，直至獲得博士學位為止。因為我深深懂得：我來美國不是享受的，而是在欠著父母的恩德，花著父母的血汗錢，若不努力讀書，天理難容！

所以我突然很喜歡寒冷的冬夜，因為在冬夜裡，我才能體會「頭懸樑，錐刺骨」的精神，才能享受范仲淹斷虀畫粥的清淨。這個星期五晚上，下了一場凍雨，格外地冷，然而我的進取心卻比任何時候都強了，我要以優秀的成績供養父母！媽媽，請您放心，您的兒子向您保證、向您發誓：我一定會孝順您，把孝順放在第一位，把事業放在第二位。

當媽媽接到這樣一封來信的時候，大家說她是什麼樣的感受呢？她會做出什麼樣的反應呢？如果您有這樣的一個孩子，您會怎麼樣？會不會說：「哎呀，孩子，你沒錢買棉被，我趕緊給你寄點錢，你去買個鍋吧，你要多注重營養啊，不要只吃同樣的菜飯啊！」當時我是每週買一次菜，跟著同學搭便車去超級市場買菜，凡是市場上最便宜的菜就撿回來，每餐都是吃紅蘿蔔包心菜，或者包心菜加紅蘿蔔。後來才曉得原來這兩種食品是最健康的食品。

當時我的獎學金每個月八百美元，對一個留學生來講，這個獎學金算是不錯的了，自己生活是很夠用了。那我也來「斷虀畫粥」，把八百美元分成三份，一份是寄兩百美元給母親，然後寄一百美元給父親，剩下五百美元自己留著用。那麼這五百美元就繼續劃分，除了自己的學習、生活必須用的費用以外，省下錢每週要給母親打一次長途電話，電話費也是相當可觀的，每年都回來探親一次，這是機票費。所以有同學會跟我開玩笑，說：「你這個獎學金還不錯，你省點用，買一部車都可以了。」我還是騎著一輛很簡陋的腳踏車，即使冒著風雨上學，但是我心裡很踏實。

◎母親的回函

就在這個時候，母親給了我鼓勵，更加強了我的進取志向。所以我想在這裡也分享一下母親給我的回函。母親是這樣寫的：

寒冷能使人如此理智和堅強，感謝路易西安那州的冬天！感謝清苦、無欲的生活！它使人恢復性德之光！

美國的五星上將麥克阿瑟將軍，他每天做的祈禱是：「神啊，多降下點苦難給我的兒子，因為只有在苦難當中他才能夠成長。」我母親在這裡也是感謝路易西安那州的冬天，感謝這種寒冷、清苦的生活。這種生活能使人恢復性德之光！

什麼是性德之光呢？性就是《三字經》一開頭就說到的，「人之初，性本善」這個性，講我們的本性，本性是本善，每個人皆有的本善，換句話說，每個人都跟聖人是一樣的。所以孟子說：「人皆可以為堯舜」。為什麼人皆可以為堯舜呢？因為人本來就跟堯舜一樣。「人之初，性本善」。

那為什麼我們現在跟堯舜差得這麼遠呢？乃至於我在這裡問大家能不能成為堯舜的時候，也沒有多少人敢承擔。為什麼呢？「性相近，習相遠」。本性雖然是一樣平等的，本善的。但是習性就不平等了，習性怎麼養成的？後天的教育。如果受到的教育是污染的教育，讓我們產生自私自利的，追求自己名利的，損人利己的這種教育，我們的習性就會離本性越來越遠。

而現在我們來學習傳統文化，目的在哪裡？就是讓我們把習性捨掉，回歸到本性上來。習性本來沒有，本來有的是我們的本性本善。那本來有的當然可以恢復，本來沒有的當然可以去除。所以要有信心，堯舜我們也能做到的。要有信心直下承擔，那麼我們才有聖賢的根基啊。

怎麼樣恢復本性本善呢？那就要修德。跟本性相應的德就叫性

德，什麼是性德？孝就是性德，而且它是性德之本。所以行孝可以恢復我們的本性本善，可以恢復我們的性德之光。所以你看我母親抓住了這個機會，又一次給我一個教育。這種教育比寄點錢給我買條棉被要強多了，棉被可以讓我溫暖一時，可是這一句話讓我溫暖一輩子（大家聽到這裡，有沒有感受到母親給的這份溫暖？藉由大家的掌聲獻給母親，謝謝）。

◎提前完成學業──給自己定的七條規矩

當時因為心裡想要趕緊完成學業來回報父母，生活就盡量地單調和枯燥，而自己在這單調和枯燥當中還不亦悅乎。我給自己規定了七條規矩，遵守的規矩叫七不。第一，不看電影、電視；第二，不逛商場；第三，不留長頭髮；第四，不穿奇裝異服；第五，不亂花錢；第六，不亂交朋友玩樂；第七，不談戀愛。

古人講得好啊，「置心一處，無事不辦」。人想要成功，沒有別的祕訣，只要專心就行。所以《三字經》上也告訴我們，「苟不教，性乃遷；教之道，貴以專」。那學之道呢？也貴以專。你想學一門學問，只要專注就能很快學到，就能學得好。

所以我當時在美國學習成績非常優秀，每次考試全班第一名。當時在我的指導教授的嚴厲地栽培下，成長得也很快，所以非常感恩有這樣的緣分。當時用四年就完成了本該七年完成的碩士和博士的全部課程。因為我是學金融的，在學校裡面我們金融系的主任跟我講：「像你這四年能夠把普通人七年完成的課程修完，在我們學校是第一例，這是孝心創造的奇蹟。」

◎生於憂患 死於安樂

一路走來，回想自己，實際上資質是很差的，我跟大家已經報告過了，學一首《遊子吟》還學了一個多月，所以並不聰明。那何足以能夠這麼幸運呢？孟夫子說得好，「生於憂患，死於安樂」。因為在憂患的環境當中，在艱苦的環境當中，立志能夠堅定。我們也看到有不少留學生家裡比較富有的，出去外面奢侈地生活，買

車，每天都去逛商場、買東西、Party。學業當然就趕不上去。所以「生於憂患，死於安樂」，成於憂患，敗於安樂。

◎導師的推薦信──孝心讓自己如此幸運

當時我的博士導師，就是那位剛才講到的很嚴厲的經濟學家，他在給我寫推薦函的時候，說了一句話，這是我四年來沒有聽過，也不敢想像他會說出來的。他說：「鍾茂森是我二十五年學術生涯裡面遇到的最優秀的學生。」我真想不到這位這麼嚴厲的指導教授，原來心裡面是這麼仁慈、這麼愛護我，這四年下來才看到他的真實存心。他是一位著名的學者、高產量的作家。所以他的這封推薦函效果很大，而我找工作時導師推薦函是最重要的。剛送出去，就有兩家大學的聘函寄來了。

後來就選擇到德州大學一個分校擔任助理教授。當時後學只有二十六歲，就走上了大學的講壇，看到台下的學生很多年紀都比我大，在教碩士班時，我最大的一個學生七十多歲。美國在大學裡面沒有年齡的限制，真的是戰戰兢兢，如履薄冰，如臨深淵。

回頭一想，自己為什麼有這樣的一種幸運？老天爺好像特別關愛我。一想，原來真的不是自己聰明能幹，如果說還積過一點德的話，大概就是對母親、對父母還有一點孝心。

◎最美的微笑──請母親參加博士畢業典禮

在西元1999年當我博士畢業的時候，特意趕回廣州，覺得終於可以告慰母親多年的培養了。原來跟母親說，您等我七年。我四年就回來，把母親接到美國參加博士畢業典禮。當我穿著博士服，手捧著博士畢業證書與母親合影的時候，心裡是覺得很……真有點那種苦盡甘來的感覺。而母親笑得是那樣的幸福，彷彿她這麼多年的付出都值得，大家看看母親的照片是不是笑得很美？

古人講：「水有源，木有本。父母者，人子之本源也」。一條河流必定有它的源頭，才能夠流得長遠；一棵大樹必定是有根、有本，它才能茁壯地成長。我們為人子的人，什麼是我們的源頭？什

麼是我們的根本？那就是我們的父母。當我們的心裡常存著父母的時候，我們自己的事業才能夠得以成就，我們的所求才能夠得到。大孝終身慕父母，我們在畢業的時候，在鮮花和掌聲面前，在所謂成功到來的時候，更應該反思回報父母的恩德，這才是為人子的本分。

◎最別緻的生日賀卡

母親是我今生的模範，我是望著母親的背影成長的，我身上有許多母親生命的痕跡。而母親也時時都走在我的前頭，她是我心目中的一位大教育家，把我資質這樣一般的人都能教好。

在西元1999年我獲得博士的時候，母親給我寫了一封生日的賀卡，我想在這裡跟大家做一個分享。這張賀卡是我有生以來收到最別緻的一張賀卡，賀卡的一面貼著我外公、外婆的照片，還有我母親跟我的照片，另外一面貼著我曾經跟隨過的老師的相片，包括我現在所跟隨的聖賢教育指導的老師——釋淨空老教授。賀卡的反面貼有我母親跟我從小到大的照片、合影，上面還附有生日賀詞，我想在此地跟大家分享：

茂森兒，在你二十六歲生日之際和博士畢業前夕，思念一下家鄉的老人、父母和師長，再看看我們母子二十六年來的合影，從你的童年、小學、中學、大學，到留美攻讀碩士、博士，這些時光像夢一樣地過去了，是歡喜？是感歎？還是成熟和覺醒？又看看你的外祖父的青年時代和他去世前的照片，再看看你的外祖母的青年時代和她去世前的照片，你知道這就是人生嗎？你悟出了什麼？吾兒博士畢業即將走上美國大學講壇教書，讓母親為你衷心祝福：願你擁有一個智慧的人生，願你心無罣礙地走向世界！

這是在十年前母親給我寫下的生日賀卡，慶祝我的博士畢業。這張卡片，凝聚了母親愛子的深情，也表明一個「孝」字老子不

分，上傳下承，更呈現了中國傳統文化兩大支柱——孝親尊師，也讓我回思自己二十六年來走過的人生路，得到多少人的成就，要知恩報恩。所以又是母親別開生面的教育，才使我沒有把博士畢業當作學業的一個終點，而是學習的一個起點，更是要繼續努力地奉行孝道的時候。

◎知恩報恩　飲水思源

所以畢業後第一樁事情，我是給母親辦了簽證的手續，讓母親跟我留在美國一起生活。我們在美國生活了三年多。因為當上了教授，工作有薪水，不用像以前那樣用不快的快鍋來煮飯了，跟母親一起生活，也盡量豐富地供養父母。每月都給父親、母親、爺爺、奶奶足夠的生活費。當父母、老人有需要的時候，必定是寄錢給他們。當我每次跟我母親從美國回來探親的時候，也跟家裡的親戚、親友們一起聚會，跟大家共聚一堂，宴請大家。也常常陪著我的爺爺、奶奶、父親去遊歷名山大川，盡量讓老人家開開心心的。我的爺爺、奶奶住在農村，沒念什麼書，我父親是長子，我是長孫，所以理應對老人家負擔起這種贍養的義務。

（九）遵從師命　遠赴澳洲

在美國教書的時候，工作還是繼續努力，因為已經養成了一個努力工作的習慣。所以在大學裡面也一直寫了不少的學術論文。當時在我們的大學，在整個學院裡面我也是最好的學術人員，也年年獲得在美國和世界召開國際金融學術會議的論文獎。當我在美國跟媽媽生活得很安定的時候，常常恭聽我們的老師——淨空老教授的講演，學習傳統文化，學習如何做人，學習聖賢的教誨。

後來老教授在澳洲建立了一個學院，就希望我跟母親到學院去，靠近學院來學習，也能夠在工作之餘，協助一下老教授做一點服務的工作。因為老教授當時受到昆士蘭大學的聘請，作為這個大學的榮譽教授。老師呼喚當然是義不容辭，於是捨棄了美國，去了

澳洲。當時美國也給了我一個綠卡，是「優秀的教授和研究人才」的這種綠卡，屬於一類的綠卡。在美國的薪資還是比較高的，到了澳洲薪資好像差不多減半了。

◎成為昆士蘭大學的終身教授

到了澳洲，當時正好昆士蘭大學在徵人，看到我的簡歷以後，他們只打了一個電話，做一個interview，就是稍微做了一個訪談，就馬上給我一個聘函，聘請我到昆士蘭大學教書，也給我和母親辦理了澳洲的移民，所以當時自己也覺得非常快地就到了澳洲。到了澳洲以後，大家問移民辦了沒有？得知移民一個月之內就辦好了，大家都覺得不可思議。

當時老師跟我講，說冥冥之中有一種力量在安排。從美國到了澳洲教書，教書這四年當中也是跟母親一起生活，每天我和母親在昆士蘭大學優美的校園裡面散步，那裡有一條河，把整個校園圍繞起來，空氣非常好，很多鳥、小動物都不怕人的，每天很愜意地生活。在昆士蘭大學因為成績也算是很不錯，連續兩年都獲得大學的優秀的研究獎，也就被破格提升為終生教授，就是拿到了tenure。

◎對中國教師開綠燈

西元2005年拿到終生教授的時候，我三十二歲，在大學裡面算是最年輕的一位。很多澳洲的老師們看到我，就把過去對中國人的觀念都轉變過來了。他們原來以為中國人是有小聰明，但是真實地做學問，把心安定下來好好地有成績，好像中國人辦不到。我所在的澳洲這個大學，原來對中國人可能是持著觀望的態度，因為當時整個學院就我一個中國人，後來中國人也陸續來了一些。我們的院長覺得中國人還是很能幹的，因為什麼呢？你看，又給學院拿獎，又給學院增光，所以後來對招募中國教師人才都特別開綠燈。

（十）承傳文化 返回國家

在澳洲這四年多跟母親生活得非常平靜、溫馨、幸福。但是後

來又有了一個很大的變化，我們的恩師——淨空老教授，很希望在國內推動傳統文化的教育。老人家希望我能夠從大學退下來，專門從事倫理道德、聖賢的教育，先自己好好地學習，將來也能夠幫助社會。

感恩我的母親，她支持恩師的這個決定。我離開了令人羨慕的昆士蘭大學終生教授的職位，來到廬江。現在我是長住在廬江，定下心來跟著恩師學習。每天都在攝影棚裡面錄製這些傳統文化經典的講解，為推動倫理道德教育盡自己的一份綿薄之力。

上半場我們學習了為什麼孝是百善之先，感受到了孝道的偉大。對個人而言，可以得到成功順利的事業，得到幸福美滿的人生；對社會而言，能幫助構建和諧社會，幫助構建和諧世界，所以，孝為百善之先。

孝心一開，百善皆開。孝道意義深廣，曾子是一位大孝子、大學問家、孔老夫子的傳人，他都感歎說：「參不敏，何足以知之。」這個「何足」，就是了解得並不圓滿，對孝道的意義知道一部分，但不能說全部。

下半場的學習，我們就來探討孝的真實。

🏵 二、孝的真實義

（一）孝無終始

孔老夫子在《孝經》裡面，講述了天子、諸侯、卿大夫、士和庶人，五個階級的人如何行孝，一般稱為五孝。五孝其實也包含了社會各個階層，男女老少、各行各業，不管身分、地位、財富如何，上至國家領導人——天子，下至平民百姓——庶人，都要行孝。所謂「孝無終始，而患不及者，未之有也」。即五孝從天子開始做起，終於庶人，從天子到平民百姓，自始至終，都要行孝。

為什麼都要行孝？人皆有父母，父母生養我們，行孝天經地

義。只要真心去做，上至國家領導人、長官部屬，下至公務員乃至平民百姓，都能做到孝道。患不及者，擔心，「患」是擔心，擔心自己做不到的，「未之有也」，這是不可能的。不是做不到，是不肯做而已。

（二）始於事親，終於立身

「終始」，意思很深很廣，後學講《孝經》時僅「終始」兩個字，就講了一個多小時，裡面還有一層意思是「始於事親，終於立身」。始終，包含孝的三個層次。從事親，侍奉父母雙親開始；到事君，這是為國家、為人民服務；最後，立身行道，揚名於後世，成聖成賢。

我們恪盡人子本位，終始都能圓滿。

◎蔡順拾葚　名垂青史

蔡順拾葚，是《二十四孝》中膾炙人口的故事。東漢期間，王莽篡位，兵荒馬亂，蔡順背著母親去逃生。沒有糧食，就採桑葚來供養母親。他把桑葚分兩個籃子裝，一個裝比較成熟的，紫黑的，甜的，給母親吃；一個裝比較生的，青紅的，酸的，自己吃。這種至孝的行宜，連強盜看見都受了感動。蔡順事親的心，就是本性本善。

蔡順做到了始於事親，終於立身，也做到了揚名於後世。他被編入《二十四孝》，名垂青史。很多人記不住一些皇帝的名字，但記住了蔡順的名字。想到蔡順，就想到拾葚孝母的故事。所謂「以顯父母，孝之終也」。我們行孝的心，自始至終是如一的，從出生做赤子開始，終於自己命終，自始至終都要行孝。所以事親的意義非常深廣。

◎孝的本體──大道

曾子聆聽到孔老夫子的教誨，極度讚歎。「甚哉，孝之大也」。是說：「孝道，太偉大了。」這個「大」代表圓滿，不是大

小對待的大，有大有小，那是有二。那個大是相對的大，不是絕對的大。真正絕對的大沒有大小分別，沒有對立。就像老子所說的，「道生一，一生二，二生三，三生萬物」，有大有小，那是二。二從一生的，一從道生的。曾子在這裡讚歎的孝是什麼呢？是孝的本體，是創造宇宙萬物的大道。孝遍一切處，它是宇宙的符號，代表著本體。所以曾子直截了當稱讚孝的偉大。

孔老夫子接著跟曾子講：「夫孝，天之經也，地之義也，民之行也」。天之經的「經」是恆常的意思。日月星辰，都在恆常地運行，譬如太陽總在東邊升起，西邊落下。古往今來，天天如是，沒有改變，這是恆常。「地之義」，義是利益萬物的意思。大地承載萬物，無私而謙卑。好人、壞人同樣對待，沒有分別；腳踩它，玷污它，仍行厚載萬物之德。

大地隨順著天時，春生夏長秋收冬藏，而成熟萬物。花草樹木、莊稼等農作物，承天的滋潤、日月星辰的光明，接受各種能量，順應天時的變化而成熟。

天地之德，概括起來是什麼呢？就是仁愛，就是無私，就是奉獻，就是恆常，恆常地利益萬物。

天地在道家講是陰陽，天為陽，地為陰。

天地從何而生？從道而生。所謂「太極生兩儀，兩儀生四象，四象生八卦」。兩儀就是天地，就是陰陽，天地從哪裡生的？從太極而生，太極就是道。道，我們見不到，摸不著。如老子在《道德經》所講：「視之不足見，聽之不足聞，用之不可既。」我們的眼、耳、鼻、舌、身都觸摸不到的，連思維想像都達不到。所以稱「道可道，非常道。名可名，非常名」，這是宇宙的本體。

曾子在此讚歎的孝，它的本體就是這個道，生成宇宙萬物，滋養宇宙萬物，它自己無形無象。我們怎麼能夠知道它的存在呢？又從哪裡能夠體會得到呢？看到天之經，地之義，還有民之行。我們觀察天地，日月星辰恆常地運作，仁愛地覆載萬物，利益萬物，這

就是道之所在。

◎行孝——發揚天地之德

人生天地間，能把天地的仁愛、恭順、恆常、奉獻做出來，這叫民之行也。人的行為展現了道，道就存在了，表現道的行為就叫作德。所以隨順道，就叫德。

父子有親，這是倫常關係，我們也把它稱為道。父子之間親愛的行為關係，那就是德了。所以父母跟兒女的那種親情，就是天性，跟道相應。

道，也有稱其為是本性的；那本性的德，叫本善。所以我們行孝，就是將本善顯發出來，將道之德光顯發出來。所以孝行是如此偉大，它是開啟我們本性寶藏的鑰匙。聖人憑著孝心把天地之德行演出來了，他就與道合一了，他就成聖人了。所謂：「堯舜之道，孝弟而已矣」。

◎「孝」字的內涵——與父母一體

中國的文字蘊涵著很深的智慧，我們仔細看這個孝字，是個會意字，上面是個老字頭，下面是個子字底。老一代和子一代合成一體，這就叫孝。我們跟父母是一體，真實不虛。父母給了我們生命，沒有父母哪有我們？現代人說代溝，跟父母有隔閡。如果有代溝了，那就是老一代跟子一代分開了，那就叫不孝了，這個孝字也就沒有了。

我們講過的聖人大舜，不管什麼艱苦的環境，跟父母都沒有代溝。

我跟父母也是沒有代溝的，從小到大覺得最愜意、最歡喜的事情，就是吃完飯跟母親一起在河邊散散步，聊聊天。從小到大和母親在一起，散步無數次，聊天無數次，和父母沒有不能說的事。在這樣的聊天、談話當中，父母的人生經驗、人生智慧，就自自然然地傳授給我。所以當很多同齡人羨慕地說：「你年紀不大，成就還滿高的。」我就在內心深深感恩父母的養育和教誨。

◎最大的優點──聽話順親

所謂的這些成就，確實不是我聰明能幹。我的舅父，在我三十歲的時候，給我寫過一張生日賀卡：「看你三十年走過的人生路，你最大的一個優點是什麼呢？兩個字，聽話。」如果有一點點的優點，我就是聽話而已。

聽話，順著父母，就會少走很多彎路。當然這個順的層次是有不同的，像大舜的那種順，很有智慧，最後感化了父母，他順父母順得非常圓滿。

所以順，是順道，是順我們的本性本善。我比舜幸運太多了，我的父母對我非常好。

在我眼中，母親是一位聖母，從小到大用智慧來帶領我、培養我；也很慶幸自己還算是聽話，因為聽話才有今天，聽父母話的人果然有福。心裡跟父母有一體的感覺，就絕對不會有對立。現在有些孩子，父母有點臉色，或者說話稍微嚴厲一點，就跟父母產生對立情緒，甚至離家出走，不管父母如何擔憂。這就是沒有了孝道。

◎承先啟後 孝無終始

孝還包含更深的意思，老一代上面還有老一代，父母上面還有父母，一直往上面追溯，我們最早的那個老一代，就是炎帝和黃帝。凡是黃皮膚、黑眼珠的華人，都是炎黃子孫。我們要跟古老的祖先，合為一體。

如何與祖先成為一體？老祖宗給我們留下了優秀的中華道統，能夠傳承老祖宗的道統，就是跟老祖宗合為了一體。所以在座的諸位志士仁人，我們都肩負著承先啟後的使命，大家都是大孝子孫，願意承擔傳揚老祖宗文化、道統的責任，讓人由衷敬佩。

兒女下面還有兒女，我們也要把老祖宗的道統傳給下一代。「不孝有三，無後為大」。假如我們的子孫不能夠傳承中華民族的道德傳統，是我們沒有完成責任。這是孝的又一層深意。

再深一層，老一代上面還有老一代，追溯到過去無始；下一代

還有下一代，追溯到未來無終。

從時間上說，孝無終始，即無始無終，上下一體；在空間上說也一樣，整個宇宙是一體。宇宙就是時空的意思，「宇」就是空間，「宙」就是時間，時間也是空間，第四為空間。所以整個宇宙是一體，在聖人心目中，宇宙就是一個自己，如果是真的見道了，這個孝才能做得圓滿，老字頭和子字底中間完全沒有割裂。

（三）聖人之德──孝道圓滿

孝的涵義如此深廣，能夠成就大孝就是聖人。曾子在《孝經》中問夫子：「敢問聖人之德，無以加於孝乎」。夫子一直在追求聖人的境界，聖人之德，有沒有高過孝道的？

夫子回答：「天地之性，人為貴；人之行，莫大於孝。」人之所以能夠跟天、地合稱為三才，是能夠行出天地之德、天地之性，這是人之本性，這就是道。人的行為把道彰顯出來，就是德，所以人就貴了。「人之行，莫大於孝」，人的德行裡頭，孝是最大、最圓滿，是根本。所以「聖人之德，又何以加於孝乎」。聖人之德，沒有超過孝道的，即把孝做到圓滿就是聖人。

◎父子之道 天性也

聖人的至德、要道，其真實義，歸納起來是「父子之道，天性也」。這句話出自《孝經》，天性就是道，就是太極，就是本性。父子之道，本是天性。能夠循著父子之道而行，就合乎道，合乎本性。「父」的意思很廣，不僅是我們現前的父母，還要推及普天下的父母，甚至於一切男子都是我父，一切女人都是我母。「天同覆，地同載」，我們都要用孝心來尊重、敬愛他們。

以此心對待萬民，對待眾生，就是合乎天性。

◎父母生之 續莫大焉

這句話也出自《孝經》。既然說，道是無形無相，沒有名字，也不可道，那如何能夠體會得呢？「父母生之」，現前就能夠體

肆

百善孝為先

會，父母把我們帶到這個世界，父子有親是天倫，道也隨之而生。我們行孝，就是循道而行。「續莫大焉」，這是講孝道不僅要自己去行，還要發揚光大，要把老祖宗的道統承繼下來，傳承給後世子孫。

下手處在哪裡？從孝悌做起，從我做起，從我家做起。

◎外婆生日 深情獻詩

年輕人上山下鄉，母親到了廣州市的一個郊區去工作。後來，母親把戶口轉回城，跟外婆在一起生活。每到逢年過節，或者是老人家的生日，就召集親戚朋友、孩子們聚會，大家歡聚一堂，小孩子都要講一點什麼話或者表演詩歌朗誦，給外公、外婆助興。在這樣的一個家庭文化的氛圍中，老人家都很歡愉。

西元1979年，外婆六十九歲生日，母親為老人家寫了一首長詩，在此分享：

獻給敬愛的媽媽

——祝賀六十九歲生日

哪一朵葵花不向著太陽？哪一個孩子不熱愛自己的娘？

親愛的媽媽，一個幸福的家庭，您是舵手，有了您，爸爸才有成就！

有了您，哥哥姐姐才能上大學；

有了您，我的戶口才能從農村轉回城。

您是我們幸福的源泉！

您是我們成功的後盾！

您是大北路之家的砥柱棟樑！

親愛的媽媽，您的性格就是：永遠給予，不求報酬。

您的愛，像大海那樣深廣。而我們回敬的，卻是一滴水啊！

您給予我們生命、學識和財富，

您給予我們溫暖、快樂和幸福。

我們說上帝，就是指您——親愛的媽媽！

我們說您，就是指降福於我們的上帝！

◎兒子獻給母親的詩

這是西元1979年，母親為外婆的生日深情獻詩。

這樣的家庭氛圍，無形中我們這些孩子就學到了孝道。所以在十三年以後，西元1991年我在母親節的時候，也給我母親獻上了一首長詩，在此跟大家分享：

親愛的媽媽：母親節快樂！

您和爸爸的愛，孕育了我的胚胎，一團模糊不清的心肉。

損耗了您的生命精華、窈窕青春，才有了嘴巴、耳朵、眼睛，創造了未來的大腦和胸懷。

您以痛苦的受難和乳血，使我從無到有，莊嚴存在！

您教我牙牙學語，您教我認識世界，

走第一步路，唸第一個字，讀第一首詩……

您憑著偉大的母愛與超人的遠見，

在我很小時就開始了對我的教育。

您把我送到幼稚園全日托，以鍛鍊我獨立生活的能力。

您在家裡的門板上教會了我唐詩宋詞、abcd。

您親自教我寫毛筆字。

您是我人生啟蒙的第一個教師啊！

您循序漸進，誨人不倦，把一個淘氣頑童教養大。

您孜孜不倦輔導我升中考試，使我能以優異的成績考上廣州市一流中學——華師附中。

您猶如一位嚮導，帶著我走上了光明之路……

我上了大學之後，您對我又提出了更高要求。

您為我規劃人生的道路。給我講如何處理人際和社會的關係，

提高我的綜合素質。

為我做留學的準備……您用心良苦，望子成龍。

從衣食住行到書本用具，處處都有您慷慨地給予。

您無論在精神上還是物質上都給予兒子很多很多，

這，全是基於您無私聖潔的愛！

如今孩兒的翅膀逐漸硬朗，羽毛逐漸豐滿，

然而飲水思源，

我的一切的一切，哪一點沒有您的關心、愛護、工作、智慧、教育和啟迪？

您是母親中的典範，是我心目中永恆不滅的星斗！

在母親節之際，我要深情地說一聲：「謝謝您，親愛的媽媽！」

兒 茂森 叩敬

◎父子有親 發揚光大──五倫之德

兒女跟父母的親愛不是人為創造的，也不是後天教出來的，它是天性的，這種天性是基於一體的愛心，這種愛心就是每一個人本來就具有的本善，所以我們本來就有一顆愛心，愛別人跟愛自己是一樣的，因為宇宙本來是一體。

從哪裡愛起？孝親是愛的原點，從愛父母開始。

當我們的愛心養成以後，無論對待任何人，就都能夠把道德行出來了。當我們用愛心對待父母，就是父子有親；當我們用愛心對待朋友，就是朋友有信；用於君臣，就是君臣有義；用於夫婦，就是夫婦有別，夫義婦順，這個「有別」就是互相分工合作，他們有不同的工作，但都是一體的。所以五倫裡的德，其實說到底就是這顆愛心。

能夠把這顆愛心保持終生不變，並且能發揚光大，就成聖人了。

◎孝道家風　代代承傳

當母親能夠去行孝的時候，孩子在旁邊也學到了。所以當有人說，孩子不孝順的時候，我們不可以一味責罵孩子。「行有不得，反求諸己」，君子是反思修正自己，正己化人。在古代的一篇《勸孝文》當中是這樣說到的，「世之人，善莫大於孝，不善莫大於不孝。我能孝，自無逆子；子能孝，自無逆孫。繩繩克繼，葉葉永昌，善孰大焉？利孰厚焉？」

所以孝需要去傳承。我們自己能夠孝敬父母，兒女自自然然也會孝敬我們，孝道的家風就這樣代代承傳。孝道，這種道統維繫了民族的命脈，五千年來我們中華民族能夠得以生生不息。

孝之真實義，確實無限深廣。

三、如何行孝

孝道，斯義宏深，我們該如何行孝？

《孝經》開宗明義章第一，分三個層次講了如何行孝。

「夫孝，始於事親，中於事君，終於立身」。

第一步，孝敬父母，就是事親，這是最基礎的；

第二步，再提升，我們長大了，步入社會，為國家、為人民工作，這叫事君。古代的社會是君主時代，所以君就是皇帝，就代表了整個國家。現在不是君作主了，是民作主，所以事君就要換成忠於國家，服務人民。道理是一樣的，也就是為國家、為社會做貢獻。

第三步，「終於立身」，再提升，能夠一生都盡孝盡忠，立身行道，成聖成賢，這個孝就達到極致、圓滿了。所以孝道的圓滿在成聖人。

我們按照這三個層次來學習。

◎始於事親

首先「始於事親」，第一步很重要。《孝經》第十章紀孝行章

說：「孝子之事親也，居則致其敬，養則致其樂，病則致其憂，喪則致其哀，祭則致其嚴。五者備矣，然後能事親。」

這就具體地告訴我們，要從五個方面來孝敬父母。

◎居則致其敬

「居則致其敬」，就是我們在家裡要對父母尊敬、敬愛。

如果僅在物質生活上孝敬父母，對父母的態度、行為不恭敬，就不能稱為孝。學生子游在《論語》中，問孔夫子什麼叫行孝？子曰：「今之孝者，是謂能養，至於犬馬，皆能有養，不敬，何以別乎？」孔老夫子當時說「今之孝者」，是說當時的人行孝，對父母的尊敬不夠，這和我們現代社會也很像。

一個母親節，記者訪問一些母親和兒女，問兒女：「母親節到了，你該怎樣孝敬母親呢？」這些兒女就說：「我要賺更多的錢，給我媽買一幢洋樓，買一部汽車。」然後再去問母親說：「你希望你的孩子怎麼樣來孝敬你啊？」這些母親回答：「我就希望我那兒子工作別那麼忙，這個禮拜六能陪我吃頓飯。」父母的心聲，兒女有沒有知道？如果僅在錢財上供養，「至於犬馬，皆能有養」。犬馬孝敬牠的主人，牠也是很努力地工作，但是「不敬，何以別乎」？如果兒女沒有至誠恭敬的心，只在物質生活上供養父母，那麼跟犬馬能養有什麼區別呢？

◎赤子庭堅　滌穢孝親

「居則致其敬」的「致」字，是極處之意，就是敬到極處。宋朝的一位大文學家黃庭堅，書法，文章很好，官職也很高，但侍母至孝。母親很喜歡乾淨，一點骯髒都不能忍受。黃庭堅每次上朝回來，都親自給母親洗尿罐，家裡很多傭人說：「主人你就不要洗了，讓我們洗吧。」他就說：「不行，不行，如果你們洗得不乾淨，會讓母親生煩惱的。」所以堅持親自洗。

如此有聲望、有地位的大人物，還是盡心竭力地去照顧、關懷自己的父母，連生活細節都這樣周到。所以古人稱讚黃庭堅：「此

大人者，不失其赤子之心也。」赤子是剛生下來的嬰兒。嬰兒跟母親在一起，念念不舍，完全是一體的，沒有絲毫的隔礙，很有味道。黃庭堅不僅成年，而且有身分、有地位，還能保持赤子之心，難能可貴，所以被稱為大人。

◎大人——事孰為大，事親為大

這個「大」，不是你的聲望、地位高就叫大、大人，而是指真正品格偉大的人。

很多人覺得要成就堯舜之德很難，難不難？不難，偉大的人從給母親洗便器做起。若說大事難做，洗便器、端端洗腳水、做做飯、給老人捶捶背，扇扇涼，「冬則溫，夏則清」……這些小事不難做吧？

我們思考，事親有小事嗎？孟夫子說：「事孰為大，事親為大。」真正孝順父母的事沒有大小，統統都是大事。

孝之為「大」，「大」是沒有分別，沒有相對，都是大事，洗便器就是大事。為什麼稱為大事？因為這個動作包含了天地之性，昭示了聖賢之德，彰顯了宇宙的本體。「夫孝，德之本也，教之所由生也」，一切教化都是從孝道生發出來的。認為是小事，那是不明事理的分別心，本著一顆純善的心、純孝的心去孝親，一定是事事都是大事。

「夫孝，德之本也，教之所由生也。」——《孝經》

淺談青年應有的美德
——孝與戒淫

時間：西元2005年二月

地點：澳洲昆士蘭大學

一、前言

尊敬的淨空老教授、各位老師、各位同學、青年朋友們：

大家好！

非常感謝澳洲淨宗學院，為我們舉辦為期一週的「幸福人生講座」。這個講座將帶給我們最豐富的精神食糧，讓我們了解中國人的祖先是怎樣教導他的後代的。中國傳統道德教育的精華會在這裡展現。如何做人，如何贏得幸福美滿的人生會在這裡得到充分的討論。

非常感謝淨宗學院院長淨空老教授給我們這個機會，讓我們在這裡研討青年應有的美德——孝與戒淫。我們都是青年人，面臨複雜的社會，而立身之本、守身之要就是孝與戒淫。所以後學不揣淺陋，藉此機會，與大家共同研討，並以此論題請教於在座各位大德。

現在先討論第一個問題：孝——立身之本

二、為什麼要孝

（一）儒家——曉之以要理

兩千多年前，在中國春秋時代，「至聖先師」孔老夫子和他的學生們就討論了這個問題。一天，孔老夫子閒坐著，他的學生曾參（曾參，就是曾子，《大學》的作者）在旁邊侍奉。孔老夫子問曾參：「先王有至德要道，以順天下，民用和睦，上下無怨，汝知之乎？」意思是說，前代帝王有至高無上的德行，極為重要的道理，去教化天下百姓，使人民和睦，尊貴和卑微的人都能相安，沒有怨言，你知道這個至德要道是什麼嗎？曾參聽到老師講這麼重要的問題，立刻站起來，離開座位。恭恭敬敬地到孔老夫子面前說：「弟子不聰敏，哪能知道這種至德要道呢？請夫子詳細講解。」孔老夫子這一問，曾參這一請教，就引出了宇宙的精華，做人的根本——孝。

孔老夫子在《孝經》中說：「夫孝，德之本也，教之所由生也。」意思說，孝是道德的根本，一切教化都從此而產生。所以，被譽為「萬世師表」、「至聖先師」的孔老夫子，首先教人的就是孝。「自天子至於庶人」，「人之行莫大於孝」。孔老夫子在《孝經》中論述了從天子到鎮守各方的諸侯，九卿官員、讀書的士人，以及庶人百姓的孝道。

天子的孝道，是「愛敬盡於事親，而德教加於百姓」。意思是說，皇帝或者說是國家領導人，自己要以身作則，極盡孝敬父母之事，而且用這種孝道教化天下百姓。

古代的聖賢帝王，都是這樣為我們做出了榜樣。周文王還未繼承王位之前，是太子的時候，對父母就由衷地敬愛。每日三次問候父親從不間斷。早晨雞初啼時，即整理衣裝，去向父母請安，中午又去問安，晚上再去問安。聽到父母安康，就心中歡喜。若知道

父母欠安，就很擔憂，並想方設法，幫助父母解除不安的因素，然後才放心。對父母的飲食，也十分注意，對飯菜的冷熱，父母飯量的多少，都關心入微。這就是中國著名的傳統童蒙教育課本《弟子規‧入則孝》篇中說的「晨則省，昏則定」。早上起來，先看望父母，向父母問好，晚上回家後，亦復如是。有些人，覺得周文王一日三次問安，是很簡單的事啊，可是就這麼簡單的事，我們有多少人能做得到呢？現在父母關心獨生子女，確實做到了早晚的呵護，關心入微，可是反過來，以這樣的愛心體貼入微對待父母的，卻只有周文王啊！周文王以孝著稱，以德治國，五倫（父子有親，君臣有義、夫婦有別、長幼有序、朋友有信）都盡到至極。自己成為全國人民的表率，而且以德教化四海百姓，開創周朝八百年基業，是我國歷史上最長久的王朝。天子，位尊在人民之上，他的道德也要高於人民之上，行為世範，周文王做到了，所以他被人們稱為聖人。

下面我們再看一個例子──漢文帝侍奉母親的故事。漢文帝是漢高祖劉邦的第三個兒子。他是嬪妃所生。原本不是太子，後因孝順賢能，而被群臣擁之為皇帝。漢文帝即位之後，沒有一點驕慢之氣，侍奉生母薄太后非常殷勤體貼。薄太后一次生病，一病三年不起，文帝盡心盡力在床前照顧，幾乎沒有很好地睡過一覺。有時連衣服也不解開，以備母親隨時召喚。每當湯藥煎好了，給母親喝之前，文帝都要自己先嚐一嚐，體味藥的火候是不是適中，會不會太苦，或者是太燙，然後才送給母親服用。薄太后看在眼裡，很感動，也很心疼自己的兒子，就說：「宮裡這麼多人，都可以照顧我，你不要這麼辛苦操勞了，而我的病又不是三兩天就能好的。以後叫宮女們服侍我就可以了。」漢文帝跪下來對母親說：「如果孩兒不能在您有生之年，親自替您做點事，那要什麼時候才有機會報答您的養育之恩呢？」漢文帝雖貴為天子，卻成為久病床前的孝子。他的耐心、他的柔和、他的勤勞、他的體貼，真正做到《弟子

規》的「親有疾，藥先嘗；晝夜侍，不離床」。示範久病床前有孝子！漢文帝的仁孝，傳遍了四方，感化所有的官員、百姓，為政不在多言，《論語》中說：「己身正，不令而從。」當時天下大治，中國歷史上有名的「文景之治」說的正是漢文帝開創的歷史時期。所以孔夫子在《孝經・孝治章》中說：「是以天下和平，災害不生，禍亂不作，故明王之以孝治天下也如此。」明哲的君王，用孝來治理國家，天下自然和平，人民安定，風調雨順。

中國古代的帝王重視以孝德來治國。加強和改進未成年人思想道德建設擺在更加突出的位置，作為精神文明建設的重點之中的重點，納入經濟社會發展總體規劃，切實把以德育人放在首位。古今領袖，皆是英雄所見略同。

西元2005年二月十七日推舉出十位感動的人物，包括奧運會金牌冠軍、立志讓人類遠離飢餓的水稻專家、二十年出生入死的緝毒員警、充滿愛心到貧困山區的義務青年教師、健康的守護者愛滋病防治專家等等。其中有一位孝子，他的孝行感動全中國，這位孝子，是一名廣州市的律師。西元2004年他的母親患尿毒症，他得知母親最好的治療方式是移植一個健康的腎臟，就毅然決定瞞著母親，將自己的一個腎臟移植給媽媽。去年九月二十九日，在上海醫院，母植子腎手術成功，二人都已經康復出院。正是「慈母身上腎，孝子一片心」。這位孝子，把生命的一部分回饋給病危的母親，至今不讓母親知道，他的孝行，讓天下所有的母親含淚微笑，他的真情喚起天下所有兒女的孝心。

「孝順、孝心、孝道，是今天社會轉型期人際間情感疏離的感召。小羊有跪乳之恩，烏鴉有反哺之義。捐腎救母，大親、大情、大義。」

中央電視台對這位孝子的宣傳、表彰報導，喚起全國人民的孝心。孝，在感動中國！孔老夫子說：「教民親愛，莫過於孝。」（《孝經・廣要道章》）意思是說，教人民相親相愛，莫過於推行

孝道了。

在西元2005年的中國春節聯歡晚會的精彩節目中，我們多次看到以孝為主題的演出。例如，為父親慶八十大壽的短劇、回憶童年和感恩母親的相聲小品等等。這些感人的節目，都是寓教於樂，善於用中華傳統的道德文化教育人民。

下面，我們再介紹孔老夫子所推崇的百官和讀書人當中所應奉行的孝。儒家主張「讀書志在聖賢，為官心存君國」。讀書學習聖賢之道，聖賢之道以孝為根本，做官心裡常想著國君與百姓，首先孝敬自己的父母，再以這種孝敬的心來事奉國君，事奉上級。「老吾老以及人之老，幼吾幼以及人之幼」。敬奉自己的老人，推廣而至所有的老人、愛護自己的兒女，推廣而愛護所有人的兒女。為官的，能這樣恭敬謹慎地去做，「非先王之法言，不敢道。非先王之德行，不敢行。是故非法不言，非道不行」。不是古聖先王所提倡的道理，不敢隨便說、不是古聖先王所奉行的道德，不敢去做。「然後能保其祿位，而守其祭祀」，用現代的話來說，以孝敬父母之心來忠君愛民，才能使官位永久，不辱沒祖先，而光宗耀祖。

我們現在來看一個例子。宋朝時，有一個才子，叫黃庭堅，是宋朝的大學問家，擅長書法、繪畫和寫詩。特別是他的行書和草書是傳誦古今的。他做過縣長，後來做到國家太史的官職。他非常孝順母親，侍奉年老的母親很殷勤。每天，一定親自為母親清洗馬桶（尿器）。這個工作本來可以由僕人去做的。可是黃庭堅堅持自己去做，而且做得很認真，洗得很乾淨。因為黃庭堅知道自己的母親平時最喜好潔淨，如果讓僕人去做，擔憂不能盡心如意，所以自己親自動手，讓母親有歡喜心。日復一日，年復一年地去做，無有疲厭。黃庭堅貴為國家的官員和當時著名的文人，在經濟上奉養母親是不成問題的，但是他的孝敬之心還包括對母親全面地體貼關懷，順從母親的特性愛好。因此，他的孝行被列為中國著名的《二十四孝》的典範之一。後人評論他是「此大人者不失其赤子之心也」。

孟子曰：「事孰為大？事親為大。」意思是說，什麼事最重大？侍奉父母最重大。為什麼呢？古人說：「水有源，木有本，父母者，人子之本源也。」孝本於天性。黃庭堅成名和做官之後仍不忘本，所以他的事業才長久，名垂千古，正是有源頭之水，有根本之木啊！

我們講到這裡，在座的朋友們也許有人會問，古代的官員和讀書人會孝敬父母，而帶動當時的風氣。我們今天就沒有這樣的孝子了嗎？我正要驚喜地告訴大家。西元2005年元月評出十大孝子。其中有一位，名叫李世同，學歷程度大學，是經濟師。這位孝子，他的愛心遍及全縣的老人。幾年來，他深入五十多個鄉鎮村調查，了解鄉村老人的真實生活狀況，調查的資料達二十多萬字。他統計出，這些村子裡的老人，生活愉快者佔20%，一般情況者佔20%，受委屈、招嫌棄者佔40%，受虐待遺棄者佔20%。他還統計出，這些農村老人，靠自己工作養活自己的佔70%；一半靠自己，一半靠子女供養的佔20%；完全由子女養活的佔10%。鑑於這種情況，他發起組織成立「敬老孝老志願者活動協會」，展開多種形式的敬老孝老活動。例如，舉行「敬老孝老思想教育報告會」六十多場，直接受教育的群眾七萬多人。他直接關懷幫助解決老人子女糾紛案件二百多起。帶動開展「敬老孝老思想教育近萬家」的活動等等。這位孝子，被稱為「精神文明建設的使者」，「老年人的貼心人」，「敬老孝老的楷模」，「愛心功臣」。在他的帶動下，敬老孝老志願者隊伍已發展到三百餘人了。孔老夫子在《孝經》中說：「教民親愛，莫善於孝。」意思是說：教人民相親相愛，莫過於推行孝道了。李世同不正是這樣做的嗎？

另外，還有令人高興的新聞。西元2004年十月，四川省成都市一名律師，叫李宗發，他鄭重地向中央呈交了一份《孝法》的立法草案建議書，詳細題目是《四川省父母子女家庭關係規定》。這位律師認為，對於如何盡孝，僅有的《婚姻法》略有涉及，但不夠

詳盡。因此，他希望四川省能率先發起為「孝」立法，讓子女盡親情的孝養義務，讓中國傳統的美德受法律保障。李宗發律師的《孝法》建議書，還提出：「本省招收、聘用、晉升公務員、領導幹部，必須審查其孝敬、贍養父母情況，並以此作為衡量審查其品行是否端正的第一前提。」這位律師還指出：縣政府、鄉鎮市、村里辦事處、基層代表會等對所管轄區內親情文明建設負有不可推卸的責任。孝敬、贍養父母風氣不好的，街道辦事處等基層公司主管幹部不得連任、晉升或平調。

李宗發律師的《孝法》立法草案建議書，獲得新聞輿論的熱烈反響。《成都晚報》記者評論：

「人孰能不老，百事當以孝為先……但隨著經濟的不斷發展，我們不得不承認，對利益的追求正不斷地衝擊著人們原有的道德觀，包括『孝道』在內的傳統美德也漸漸地遭到一部分人的淡忘。現在，成都的一名律師振臂而起，建議為『孝道』立法，試圖讓這一傳統美德得到法律的保障。這無疑是一種新的探索，使『孝道』這一美 德能在社會上得到普遍地遵行。」

孔老夫子在《孝經》中說：「五刑之屬三千，而罪莫大於不孝。」意思說古代五大類刑法所屬的條例有三千多種，但沒有比不孝的罪過更大的了。今天有律師為孝立法，建立社會的機制，懲惡揚善，真是令人拍手稱快。

從以上的兩個案例，可以看到，今天的官員和知識份子，在推行孝道方面，十分善於因地制宜，結合時代的特點，讓孝道為民眾所接受。

接下來，我們再介紹孔老夫子所推崇的平民百姓所奉行的孝。孔老夫子在《孝經》的庶人章中說：「用天之道，分地之利，謹身節用，以養父母，此庶人之孝也。」古時候的平民百姓，包括農工商，其中農民佔的比例最大，百姓能善於利用天時（春夏秋冬節氣種植）地利（收成莊稼），兢兢業業地工作，勤儉節約，謹慎自

己，豐厚地贍養父母，這就是平民百姓的孝。

我們來看一個例子。

漢朝的時候，有個平民叫蔡順，父親早去世了，他奉侍母親非常孝順。當時，朝廷王莽篡位，天下大亂，又逢年歲飢荒，收成不好，缺乏糧食。蔡順只好到野外採些桑葚果給母親吃。採桑葚時，他總是帶著兩個籃子來分裝。有一次正在採桑葚時，遇到強盜。強盜好奇地問他：「你採的果子為什麼用兩個籃子分裝？這樣子不是很麻煩嗎？為什麼不裝在一起呢？」蔡順回答說：「黑色的桑葚已經成熟了，比較甜，是給母親吃的；紅色的還沒有熟透，比較酸，是留給我自己吃的。所以要分裝兩個籃子」。強盜聽了很感動，也很同情蔡順。不但沒有搶劫他，還送他三斗白米和一些肉。可是蔡順沒有接受，婉言謝絕了。

這也是中國著名《二十四孝》的故事之一。蔡順孝敬母親的心行。雖遇飢荒之年，而分毫不改。有些人在順境之中，能孝敬父母，在逆境中，在困難當中就不行了。我們看到蔡順的故事，就會慚愧和反省。同時，在這個故事中，我們也看到孝是人之天性。它最能感化人，強盜本是要搶劫東西的，可是遇到孝子，他們不僅不搶劫，還燃起恭敬心，送東西給孝子。從蔡順的角度來看，他能奉行孝為立身之本，因此不僅不會遭強盜的殺劫，而且還感化了他們自動獻出食物。由此，可以體會到孔老夫子所說的：「夫孝，德之本也，教之所由生也。」

平民百姓中，孝子不乏其人。古有孝子流芳百世，今天的孝子更是令人感動讚歎。在西元2005年元月全中國評出的十大孝子中有一位，名叫戴永勝，男，二十七歲，學歷程度是初中，是山東省菏澤市農民。戴永勝的母親在西元2001年確診為卵巢癌，而且癌細胞已廣泛轉移擴散無法手術，醫生說他母親的生命期限不超過一年。戴永勝看到母親的身體每況愈下，全身浮腫、嘔吐，吃不下飯，經常發燒，精神已經到了崩潰的地步。孝子戴永勝，決定先從心理上

搶救母親，他一方面請醫生們幫忙用「經過治療檢查腫瘤已完全消除」的鼓勵語言，來喚起母親對生存的希望，一方面積極努力到外地尋藥訪醫，治療母親的癌症。他曾經為尋藥，跋涉三天三夜，忍飢挨餓。為母尋藥，他輾轉九省二市，從各地善良的醫生那裡得到各種抗癌藥物十多種，蒐集了一百五十多個民間藥方。由於他的愛心、孝行和各種努力，終於使在他母親體內的癌細胞萎縮了60%。現在她已經能下田工作了。醫生們非常驚訝，認為這是醫學史上的奇蹟。戴永勝並不以此為滿足，他現在一邊打工，一邊還在尋找抗癌良方。他希望有一天能澈底地治癒母親的癌症。

我們看到這位孝子，也是在困難當中，在逆境中，不失孝心。即使醫生在西元2001年就宣判了他母親的「死刑」，可是戴永勝仍懷赤子之心，為母親四處尋藥訪醫。幾年來他不倦的努力，終於使全身浮腫，經常發燒嘔吐的母親能恢復到下田工作了，這不就是孝心的奇蹟嗎？這不是仁愛的成果嗎？《四書·中庸》篇裡說：「仁者，人也，親親為大。」意思說，仁愛是孝敬雙親為最大，戴永勝做到了。

談到這裡，我們回憶一下，今天開始討論孝道的時候，是曾子（曾參）向老師孔老夫子請教的。孔老夫子提出了孝是至德要道，並闡述了從天子到百姓，人們所應奉行的孝。曾子聽罷感歎道：「甚哉！孝之大也。」意思是說孝親之道，真是偉大，範圍真是廣大無邊啊！

孔老夫子說：「夫孝，天之經也，地之義也，民之行也。」意思說，孝，是天經地義的事，是人民本有的自然的行為。孔老夫子這段話，說到了天、地、人三才。而孝一字，對三才能一以貫之。我們知道，天是指萬物賴以生存的空間，包括日、月、星三種光明的來源，包括四季的更替不亂，晝夜寒暑有序。俗話說：「萬物生長靠太陽；春天播種發芽。」所以天所包括的一切，能啟發萬物生生不息，天是仁愛的；地是包括田野、山林、江河、湖海等能包容

寬厚載物，地依靠天時以成熟萬物，地是恭順的；人在天地之間，稟受天地之精氣，也就是承受了仁愛與恭順的氣息，就自然行孝了。所以這個孝，就含著仁愛與恭順。所以孝是含天地之德。所以孝，是宇宙的精華。孝，是天性。孝，是一切道德的總綱。

曾子又問孔老夫子：「敢問聖人之德，無以加於孝乎？」意思是說，請問聖人的道德有沒有比孝更高的了？子曰：「夫聖人之德，又何以加於孝乎？」孔老夫子回答：「聖人的道德沒有超過孝道的了。」儒家認為以孝為中心，把這種仁愛恭順父母之心推廣到君王則忠誠，推廣到兄弟則友愛，推廣到夫婦則和睦，推廣到朋友則守信，推廣到天下人民，則能敬愛天下的人民。正如孟子說的「老吾老以及人之老，幼吾幼以及人之幼」。孔老夫子認為以孝道治理天下是「聖治」，使「聖人之教不肅而成，其政不嚴而治，其所因者本也。」意思說，因為孝是根本，所以以孝治天下，自然政通人和，國泰民安。所以孔夫子才會說孝是至德要道。

我們真是感謝至聖先師孔老夫子，一部薄薄的《孝經》就把孝的理論給我們說的這麼清楚。

接下來，我們再介紹一位聖人，他從另一個層面，也把孝的涵義給我們揭示無疑。

（二）佛家——述之以恩德

這位聖人，就是釋迦牟尼佛。我們知道，他是佛教的創始人。釋迦牟尼佛，原本是古印度迦毗羅衛國（即現在的尼泊爾）的太子，名叫悉達多。西元前六世紀中期，有的書記載是西元前565年降生的。當時的中國正值春秋戰國時代，他與孔老夫子幾乎是同一歷史時期的（孔老夫子西元前551～前479年）。悉達多太子看到人間生老病死的痛苦，決定捨棄了宮廷富貴的生活，出家求道。經過五年的參訪、拜師求學，又經過六年的苦行，樹下悟道，終於成佛，證得圓滿的智慧之後，又到處講學，幫助眾生覺悟，離苦得

樂。佛教是西元67年，漢朝時正式傳到中國來的。當時中國皇帝正式修建河南洛陽白馬寺（中國第一寺院），迎請印度高僧及佛教經典。以後又敕令在全國各地建寺院，推廣佛教。佛教，是釋迦牟尼佛的教育，跟中國的儒家是孔老夫子的教育一樣。

釋迦牟尼佛一生講經說法四十九年，其中他講了一部《父母恩重難報經》。這部不朽的經典，詳細記述了婦女從懷胎一月至十月所經歷的辛苦，胎兒吸收母親精華生長的情況。釋迦牟尼佛以佛眼觀眾生的疾苦，比現在X光透視更清楚。佛闡述父母對兒女的恩德，特別是以母親為例，說出父母對子女的十種深厚恩德：

第一，懷胎守護恩。佛告訴我們，胎兒在母腹中，逐漸長大。使母親有山壓下來的沉重感，若胎兒在母腹中亂踢亂動，使母親有地震風災的感覺。母親心驚肉跳，擔憂腹中的胎兒，沒有心思打扮自己，連梳妝檯和漂亮的衣服都閒置一邊了。

第二，臨產受苦恩。十月懷胎之苦總算熬過去，一朝分娩，如生重病，血流滿床，疼痛難忍，但是母親還是牽掛祈禱著讓小孩能平安降生。

第三，生子忘憂恩。母親經過一場生死掙扎的痛苦，生出了孩子，而且知道小孩平安無事，她就不以自己的苦為苦，臉上露出了笑容。

第四，嚥苦吐甘恩。父母對子女的照顧不分晝夜，對子女的愛重情深，無法用語言來描述，只要子女能健康溫飽，父母就感到安慰。

第五，回乾就濕恩。如果直解，就是說小兒尿床，弄濕被褥（古代還沒有現代的這些尿片紙巾）母親趕緊把孩子移到乾爽之處，自己睡在又濕又冷的地方。引申意思是父母總是把好東西給兒女享用，自己雖然沒吃好，沒睡好，卻毫無怨言，只求兒女平平安安，健健康康，快快

長大。

第六，哺乳養育恩。佛說，母親如同大地，父親如同蒼天，子女被父母的愛所覆蓋滋養。即使你長得很醜，父母還是愛你，即使你是殘缺手足的人，父母還是不厭倦地照顧你。父母的養育之恩，是點點滴滴，是日日夜夜。父母的愛是偉大的，是無微不至的。

第七，洗濯不淨恩。母親為孩子每日洗滌，操持家務，這個恩也是說不盡的。母親原本是花容月貌，玉手纖纖，而過度洗滌不淨之物，包括孩子的屎尿，雙手變得粗糙起來，母親原本紅潤青春的面孔，也因日夜操勞而憔悴。只為愛子女，慈母改容顏。

第八，遠行憶念恩。愛子遠去他鄉，或求學或出差或工作，父母早晚懸念，祈禱兒女平安。如果兒女不懂事，或離家出走，或外出毫無音訊，父母會為兒女傷心落淚，肝腸寸斷。

第九，深加體恤恩。父母看見子女受苦受累，總是想盡辦法幫助子女，為子女分擔。看見子女辛苦，父母心不安。正如佛所說的：「子苦願代受，兒勞母不安。」父母的恩德是這樣偉大，對兒女之愛，永無枯竭。

第十，究竟憐憫恩。佛說：「母年一百歲，常憂八十兒，欲知恩愛斷，命盡始分離。」父母對兒女的愛，伴隨一生，是「春蠶到死絲方盡，蠟炬成灰淚始乾」。父母對子女的愛是這樣永恆，這樣長久，這樣無微不至。不管子女處順境，還是逆境；不管子女是牙牙學語的兒童，還是踏上社會的青年；不管子女是沒沒無聞的平民百姓，還是光宗耀祖的名流顯貴，父母的愛永遠常相隨。父母對兒女這樣無私、博大、真誠、長久的愛，這種富於犧牲精神的愛，佛說：「假使有人為于爹娘打骨出髓，經

百千劫，猶不能報父母深恩。」這句話說，假使有人為於父母獻出骨髓，經過百千劫的漫長歲月，也不能報盡父母恩啊！

釋迦牟尼佛所講述的《父母恩重難報經》，從我們的具體生活說起，父母的一生都在關心幫助子女，而子女的一切，從胎兒到出生，到讀書工作，成家立業，沒有一樣離開父母的關懷。讀罷此經，沒有人不為之感動的；讀罷此經，方知自己是忘恩負義的人。看看今天的社會，有多少人或為功名，或為妻子，或為金錢而疏遠父母。甚至嫌棄父母，背離父母，虐待父母。我們甚至聽到新聞報導河北有為賭博還債，殺害父母的，北京有為婚前同居不遂殺害父母，陝西有為搶奪財產殺害父母，種種大逆不孝，令人痛心不已。所以，當時佛的弟子們聽罷此經，「垂淚悲泣，痛割於心……深生慚愧，共白佛言：「世尊，我等今者深是罪人，云何報得父母深恩？」我們都是罪人啊，我們怎樣才能報父母恩呢？

佛告弟子：「欲得報恩，為于父母書寫此經，為于父母讀誦此經，為于父母懺悔罪愆，為于父母供養三寶，為于父母受持齋戒，為于父母佈施修福。若能如是，則得名為孝順之子；不作此行，是地獄人。」

這段話主要的精神是啟示我們只有宣揚孝道，實踐孝道，才能談得上報恩。佛家，重視孝道。釋迦牟尼佛，以身作則，為人演說孝道，成佛以後，親自為父母講經說法，告訴他們宇宙人生的真相，啟發他們的智慧而澈底離苦得樂。在他父親去世的時候，釋迦牟尼佛守在他父親身邊，安慰他，開導他，讓父親放下一切憂慮煩惱，念阿彌陀佛，往生一個美好的世界——極樂世界去。給予父親臨終的關懷。父親過世後，佛親自抬棺材，安葬父親。釋迦牟尼佛在另一部著名的經典——《佛說觀無量壽佛經》中說：「孝養父母，奉事師長……」是成佛的正因之一。成就佛道，就是成就了最圓滿的智慧，而這種最圓滿智慧的基礎，第一步就是孝養父母。

　　西元2004年七月份我們看到一則新聞報導：中國江蘇省泰州高港區口岸鎮第二中學校長姚總傑非常重視弘揚孝道。以此作為加強未成年人思想道德建設的一項重要內容。該校在西元2004年六月十三日舉辦了「如何孝順」的座談會。辦得很成功。該校校長、老師都認為不僅要給孩子們說孝道，還要讓他們從日常生活小事做起，比如，要求學生對父母講話態度要恭敬，不頂嘴，不發脾氣，不讓父母生氣，自己能做的事自己做。在學校進行的有關這方面的測試題中，曾問：你父母的生日是幾月幾號？你最關心的家中事有哪些？等等。促進孩子們對父母的關心思考。姚校長還教學生唱孝歌：「父母養兒女，恩情重如山；人老年紀大，千萬不能嫌；衣被勤換洗，飯菜應煮爛；生病請醫生，侍奉在床前；入冬添衣被，老人怕天寒；入夏蚊子多，掛帳睡得安……」因此這所中學的孩子們都逐漸學習從生活中展現孝道。

　　我們還聽到中國海口孝廉國學啟蒙中心的老師們，在全國各地乃至馬來西亞、新加坡、印尼、澳大利亞等國家宣講孝道，把孝道融入「幸福人生講座」，廣為勸化，將儒家啟蒙教本《弟子規》作為人生第一規，而第一規的第一條就是「聖人訓，首孝悌」。

　　中國古代著名的唐詩：「慈母手中線，遊子身上衣；臨行密密縫，意恐遲遲歸。誰言寸草心，報得三春暉。」（孟郊《遊子吟》）這是一首家喻戶曉的唐詩。詩中描述的是一件生活中極平常的事，兒子要出遠門了，母親為他縫製衣服，一針一線，密密地縫，就怕縫得不結實。因為兒子外出不知何時歸來，要是縫製得不牢固，兒子離鄉背井在外，會帶來不方便。就是這麼一件小事，母親的愛，母親無微不至地關懷已融進裡面了。所以詩人感歎地說：「母親的恩德就像太陽，做子女的如同小草。小草，如何報答太陽的偉大恩德呢？」

　　我們真是感謝釋迦牟尼佛，為我們說出了一部《父母恩重難報經》，我們才清楚地知道，父母的恩情比山高，比海深。

　　上面我們介紹了儒家孔老夫子所闡述的《孝經》的道理，又介紹了佛教中釋迦牟尼佛所講述的父母恩重難報的恩德。現在我們再從道家善惡因果感應規律來體會孝道。

（三）道家──明之以因果

　　道家的代表人物是老子，又稱太上老君。老子與孔老夫子都是周朝時代的人。孔老夫子曾經向老子請教過「道德的本源」及禮樂制度，孔老夫子對這位太上老君是十分尊敬的。這位太上老君有一篇教人改惡行善的名篇《太上感應篇》。文章中說道：「太上曰，禍福無門，唯人自召。善惡之報，如影隨形。」這裡指出善有善報，惡有惡報，福和禍都是自己造作，自己招來的。因此他教導人要「忠孝友悌，正己化人」。太上老君還說：「所謂善人，人皆敬之，天道佑之，福祿隨之，眾邪遠之，神靈衛之，所作必成。」意思是說，如果一個行善之人，起碼是忠孝友悌都做到（能忠效國家，孝敬父母，友愛兄弟姐妹）。這樣的人，人人都尊敬他，上天會保佑他，福祿不求自來，凶事會遠避他，神靈會衛護他，他做任何事都能成功的。有沒有這樣的例子呢？有。

　　中國古代著名的帝王舜，就是一個例證。孔老夫子曰：「舜其至孝矣！五十而慕。」孔老夫子說，舜的孝敬做到了極至了，舜到五十歲了，還是那麼愛敬他的父母。舜，名字叫虞舜，為人溫和孝順。母親很早去世，後母刻薄虐待他，父親又不明事理，受後母挑撥，不喜歡舜。弟弟是後母所生，對待舜也極不友善。舜，就是在這樣一個家庭中生活，但是他很能忍耐，他明白道理。正如《弟子規》所說的「親愛我，孝何難；親憎我，孝方賢」。雖然父母不喜歡他，他還是孝敬父母；雖然弟弟跟他作對，他還是友愛弟弟。後母視他為眼中釘，但無論讓他做什麼重活，舜都能很好地完成。讓他去耕田，他就順從地耕田。讓他去捕魚，他冒著大雷大雨，也無怨言。甚至後母和弟弟想害死他，在他下井工作時，倒土填井，

193

幸虧他預先在井底挖了一個通道口，爬了出去。舜沒有死，讓他後母十分震驚。他回家後，對後母和弟弟，一句怨恨之言也沒有，一點怨恨之心都沒有，還是那麼恭敬友愛，最後終於感化了雙親。舜的孝，感動天地，據《二十四孝》記載，舜耕田時，山中大象跑出來，為他耕耘，代他工作，小鳥為他播種。舜的孝行，傳到當時的帝王堯那裡，堯帝非常歡喜。他覺得自己的接班人，應該是這樣有道德的人，堯就把自己的女兒嫁給了舜，請舜出來協助自己管理國家大事，以後把王位就傳給了他。當時天下是風調雨順，國泰民安，民俗淳厚。堯舜皆是中國古代的聖君。孟子說：「堯舜之道，孝悌而已矣。」（《孟子・告子章句下》）這不正是證明了《太上感應篇》所說的，「所謂善人，人皆敬之，天道佑之，福祿隨之，眾邪遠之，神靈衛之，所作必成。」道家另一大德，呂洞賓，尊稱呂祖，在《勸孝文》中說：「世之人，善莫大於孝，不善莫大於不孝。」老子在《道德經》說：「六親不和，有孝慈。」意思是說，在六親不和的家族裡，有行孝的人，才最難能可貴。舜是個耕田的人，他並沒有想到會當帝王，可是他的孝行，卻召感福祿自來而成為天子。

「不善莫大於不孝」也有例子。古代有一個故事，說有一個人叫原谷，嫌自己母親年老多病，就叫他的兒子，把奄奄一息的母親放在破車上，推到山林裡去扔掉。他的兒子就照辦了。然後回到家裡來，他父親見兒子回來，就問：「你為什麼把破車又帶回來了？」他的兒子回答：「這破車等你老的時候還有用。」這句話多可怕。這不是「善惡之報，如影隨形」嗎？種瓜得瓜，種豆得豆。種不孝之因，將得不孝之果。

再看一個例子。清朝乾隆年間，在福建莆田這個地方，有一個很有名氣的算命先生，叫馮賡，他給別人算命，都說得很準，所以聞名一時，收入也很豐厚。他給自己算命，命裡有兩個兒子，而且其中一個能顯貴。可是他已經五十多歲了，這兩個兒子哪一個也

沒顯貴，而且都賭博成性，不務正業。他心裡很痛苦，聽說武夷山上有一個道人，叫一目道人，修行很好，能知禍福，就前往參拜請教。一目道人說：「命之不靈，乃心術之變也。為人莫重於孝。汝得罪天條久矣。汝生平鮮衣美食，鍾情妻妾，而於父母之奉，竟甚寥寥。身非汝妻妾所生，何不思木本水源乎？汝能以愛妻子之心事親，可以息鬼神之怒。」這位一目道人是當時武夷山很有名的道長，他啟示教導馮賡，說：「你算的命，不靈了，那是你的心術變了。人生第一就是孝，而你的不孝已經得罪了上天了。你平常吃得好，穿得好，寵愛妻妾，對父母非常刻薄。你要知道啊，你的身體從哪裡來的？是父母所生的啊，而不是妻妾所生的。你如果以愛妻子的心侍奉你的父母，可以改變上蒼和鬼神的憤怒，就可以轉回命運。」馮賡聽了以後，深深拜謝歸去，從此將功補過，孝敬雙親，不敢怠慢。慢慢的，果真他的兩個兒子也回頭了，變得純良了，能聽父親的教導，保住了家業。

　　這正如太上老君所說的：「其有曾行惡事，後自改悔。諸惡莫作，眾善奉行。久久必獲吉慶，所謂轉禍為福也。」所以，呂祖在著名的《勸孝文》中說：「我能孝，自無逆子。子能孝，自無逆孫。繩繩克繼，葉葉永昌。善孰大焉，利孰厚焉。」意思是：我能孝順，給孩子做好榜樣，自然沒有不孝的兒子。兒子能孝順，自然沒有不孝的孫子。一代傳一代，這是最大的善事，這是最豐厚的利益了。

　　我們非常感謝道家的太上老君和呂祖，從善惡感應的因果規律，從天理上讓我們來認識孝道的重要。

三、如何行孝

　　以上，我們可以看出，儒、釋、道三教一貫以孝為基礎，教化人民。正如清朝《雍正皇帝上諭》中所說的：「朕唯三教之覺民於海內也。理同出於一原，道並行而不悖。」孝是做人的根本，是成

佛作祖的正因，是百善之先，人間第一事。那麼，奉行孝道，我們在生活中應該怎麼做呢？

孔老夫子在《孝經》中說：「孝子之事親也，居則致其敬，養則致其樂，病則致其憂，喪則致其哀，祭則致其嚴。五者備矣，然後能事親。」意思是說，一個孝子侍奉雙親，對父母日常生活飲食起居，能盡自己恭敬心；用歡喜心供養父母，使父母心情愉快；父母有病，及時提供治療，日夜侍候不輕易離開；父母去世時，能給予臨終的關懷，並認真地辦好喪事；父母去世以後，每年祭祀要嚴肅認真，常常追思、感懷父母的養育之恩。這五樣具備，才算是事奉雙親了。

當年，孔老夫子的弟子們，曾經就如何行孝的問題多次來請教孔老夫子。孔老夫子對不同的人，有不同的回答，在《論語》中都有記載：

有一個魯國的大夫（官員）叫孟懿子，他來問孝，孔老夫子回答：「無違。」「生，事之以禮。死，葬之以禮，祭之以禮。」意思是說，對父母不要違背禮節。父母在世的時候，盡子女責任侍奉供養他們。死的時候，按禮節埋葬和祭祀他們。《弟子規》說：「喪三年，常悲咽；居處變，酒肉絕。喪盡禮，祭盡誠；事死者，如事生。」孔老夫子在《論語‧陽貨第十七》說：「夫君子之居喪，食旨不甘，聞樂不樂，居處不安。」君子守喪時，吃美味也不感覺好，聽音樂不覺快樂，住在家裡不感到 舒適。我們從這裡可以感觸到古代孝子對父母的那種深情。儒家提倡守孝三年，現代人很多都不能理解。孔老夫子說得好：「子生三年，然後免於父母之懷。夫三年之喪，天下之通喪也。」兒女生下來之後，三年以後才能離開父母的懷抱，替父母守喪三年，當時天下都是這樣做的。這不是很正常地回報嗎？

中國傳統祭祀祖先，通常在清明節、中元節（農曆七月十五）和冬至節。祭祀活動或掃墓，或設壇供品，或緬懷先人之德，或誦

經念佛以功德回向祖先等等，都是旨在不忘本。一家人在這種恭敬肅穆的祭祀活動中培養一種感恩的心，培養孝敬父母祖先的心。儒家認為，「慎終追遠，民德歸厚矣」。（《論語・學而第一》）能夠謹慎地給予父母臨終的守護關懷，又能永遠祭祀祖先，那麼民風就變得淳厚了。

孔老夫子的一個學生子游來問孝，孔老夫子回答說：「今之孝者，是謂能養。至於犬馬，皆能有養，不敬，何以別乎？」孔老夫子說，現在的所謂孝，只能養活爹娘而已。連狗、馬都能得到飼養，如果不敬重孝順父母，那養活爹娘和飼養狗、馬有什麼區別呢？孔老夫子這裡提出的問題，值得我們深思。對父母如果沒有恭敬之心，僅僅解決父母吃飯問題，這不是孝的含義。孟子說：「不順乎親，不可以為子。」教誡我們不但為父母提供物質供養，還要存心孝敬恭順。

孔老夫子的學生子夏，來問孝。孔老夫子回答說：「色難。有事，弟子服其勞，有酒食，先生饌。曾是以為孝乎？」孔老夫子說，在父母面前經常保持和顏悅色，是難能可貴的。有事情，晚輩代為效勞，有酒菜，長輩先吃，難道僅僅是這樣就可以算是盡孝了嗎？

《四書・中庸》篇中孔老夫子說：「夫孝者，善繼人之志，善述人之事者也。」意思是說，孝，就是善於繼承先人的志向，善於繼續先人的事業。

以上我們可以看到，至聖先師孔老夫子闡述對孝的實行是層層深入，節節提升的。總歸三條：孝養父母之身，孝養父母之心，孝養父母之志。

（一）何謂孝養父母之身

中國著名的《二十四孝》的故事，有很多這種例子。例如，孔老夫子的學生子路，出身貧寒，經常吃野菜度日。但是為了讓父母

能吃上飯，他不辭辛苦，走到百里之外買米，背回家，奉養雙親。後來雙親去世了，他周遊列國，在楚國做了大官，家中的米堆積如山，隨從的車輛數以百計，吃飯時，山珍海味擺滿桌子，可是子路卻很傷感：雙親已去，再不能承歡膝下，雖想報父母之恩也不能了啊！

各位朋友，假如你的雙親還在，你要及時行孝啊！古人講：「樹欲靜而風不止，子欲養而親不待。」

（二）何謂孝養父母之心

在《二十四孝》的故事裡有這樣的一個記載。春秋時期楚國有一個姓萊的人，年紀七十了，大家都叫他老萊子。老萊子的父母還在，都是九十多歲的人了。老萊子很孝順，每天給父母提供的飯菜，都是柔軟可口，便於老人食用的。老萊子很體貼老人的心，從不說自己老，怕父母傷感自己的老邁。為了娛樂雙親，他常常穿起色彩鮮豔的衣服，扮成小孩，在父母身邊玩耍，甚至翻跟斗逗父母開心。有時讓父母捧腹大笑，使父母每天都過得很快樂。

各位朋友，現代人，能以自己的收入供養父母，已經很難得了，還特別讓父母活得開心，這就更難得。廣州市評出的十大孝子裡，看到一個例子：西元1993年醫科大學畢業的學生徐育彩，在金盤安養中心工作，不久就被升格為該中心的主任。她為了讓所有的老人快樂開心，每月拿出自己的薪資為安養中心的孤寡老人過生日，買禮物送給他們，買生活用品提供給他們，讓這些孤寡老人感受親人的關懷。八年來，她為這些老人已支付了約五十萬元人民幣。在這裡，我們可以看到，這位安養中心的主任度量很大，想方設法讓所有的老人都開心，這種孝心多麼感人！

（三）何謂孝養父母之志

我們聽說過孟子母親教子的故事——孟母三遷。孟母不辭辛

苦，三次搬家，從墳場附近，遷到市場附近，再搬遷到學校（私塾學堂）附近，使孟子從小受讀書人的影響，熱愛學習。有一次，孟子翹課回家，孟母「斷機杼教子」，把織了一半的布匹剪斷，孟子看了嚇一跳。孟母以此告誡兒子：「你中斷學習，就如我剪斷這未織完的布匹一樣，是一事無成的。」從此，孟子發奮讀書，繼承孔老夫子的儒學，而成為亞聖（孔老夫子是至聖）。孟母有志培養兒子成為出色的人，而孟子不負母親的栽培，果然光宗耀祖，大孝顯親。這是養父母之志。現代的父母，也都是望子成龍，希望我們做子女的拿出孟子那種發憤精神，成為對社會、對人類有貢獻的人，以養父母之志。

再舉一個例子。中國記載歷史的名著，有《史記》和《漢書》等。《史記》是由司馬遷寫的，由黃帝時代開始，一直寫到漢朝。《漢書》記載了自漢高祖開始至王莽篡位的這一段二百二十九年的歷史。《漢書》的作者是班固。但實際上《漢書》是班固父子，以及班固的妹妹，兩代三個人完成的。班固的父親叫班彪，是一個很有學問的人，他讀了《史記》很讚歎太史公司馬遷寫出這樣優秀的作品，使中國的歷史得以流傳。可惜《史記》只記到漢武帝時期。於是班彪下決心要把歷史繼續寫下去。他開始蒐集有關資料，經過相當的努力，終於開始寫作了。可惜他的壽命不長，只活到五十二歲，還沒有寫完就去世了。班彪的兒子班固，從小受父親薰陶，學識也很淵博，父親去世後，他決心要繼承父親遺志，把《漢書》寫完，完成父親的事業。班固雖經歷種種挫折，仍不放棄這個志願，他不幸遭到朝廷小人的誣陷，而被判坐牢。在監獄裡，他還堅持整理寫書，以後被皇帝釋放回家，繼續寫書。後來班固去世了，《漢書》還有少部分未寫完，班固的妹妹班昭，是一個很有學問的女子，又繼續哥哥的事業，最後完成《漢書》。

這不是孔老夫子所說的，「夫孝者，善繼人之志，善述人之事者也」嗎？

實際上，孝養父母之身，孝養父母之心，孝養父母之志，三者是融合一體的。為印光大師所推薦的書《感應篇彙編》中有一個例子。古時候有一個孝子叫崔沔。他母親雙目失明，他到處為母親求醫治療，不惜傾家蕩產。他侍奉母親三十年，總是那麼恭敬真誠。晚上，甚至不脫帽子和外衣，以便聽到母親召喚就馬上提供服務。每當過年過節，或遇良辰美景，大家相聚時，崔沔一定扶著母親赴宴，讓母親開心，和大家有說有笑，讓母親忘掉失明的痛苦。母親過世了，崔沔非常傷心，祭祀母親，決心為母親終生吃素。他做官的收入很豐厚，慷慨地幫助他的哥哥、姐姐、侄子、外甥。崔沔說：「母親已經過世了，我沒有辦法表達對母親的孝心了，想到她老人家在世的時候，牽掛的就是哥哥、姐姐、侄子、外甥這幾個人。所以我都要好好地厚待他們，這樣做或許可以安慰母親在天之靈啊！」後來，崔沔官做到中書侍郎，他的兒子佑甫，成為賢明的宰相。

崔沔，真是孝子啊！他的孝心裡已兼有孝養父母之身，孝養父母之心，孝養父母之志。

孝子要圓滿地實行孝道，必須自己不斷地學習聖賢教誨，不僅提高自己的精神層次，還要幫助父母提高心志和智慧，才能使父母獲得圓滿的幸福。比如，孔老夫子說老年之人戒之在得（貪）。因為年老了，容易對財產、家業、兒女貪戀執著，而導致內心不能開朗歡喜，這時孝子應該用古聖先賢的教誨開解父母：家財萬貫，還不是一日三餐？宅舍無數，還不是夜眠六尺？應該把自己的積蓄財物分出來做一些利國利民的事情，比如賑災、濟貧、捐印善書、捐助醫藥及道德教育事業等等，使父母從做慈善事業中滋養樂善好德之心。父母退休以後一般都比較清閒，甚至感到寂寞或空虛，做兒女的應該積極引導父母學習聖賢教誨，或接受仁慈博愛的宗教教育，使精神有所寄託，獲得聖賢智慧的法樂。更進一步，讓父母明瞭生死輪迴的真相，從而消除對死亡的恐懼，升起對來生歸宿的希

望憧憬。在佛教裡，佛教導我們求生西方極樂世界，其他宗教也有對來生歸宿的具體說明。在父母去世的時候，孝子做好臨終關懷，守候在父母身邊，給父母以安慰，用念佛、誦經，幫助他們往生極樂世界，則孝子的行為便圓滿了。

　　杭州東天目山上有一個「彌陀村」養老院，住著幾十個老人，他們每天都生活在歡喜的法樂之中，每天凌晨便起床念佛聽經，發願往生極樂世界。心中充滿著對未來憧憬的老人，身上便有年輕人的活力。有一次我到東天目山去，山上有一位九十二歲的孟老太太，精神矍鑠，頭腦靈敏，口齒清晰，我們上山參訪和她聊天，她出口成章，吟出「覺海虛空起，娑婆業浪流，若人登彼岸，極樂有歸舟……」她還幫助「彌陀村」的負責人策劃工作，是一個好參謀。孝，是中華傳統文化的精華，是一切聖賢教育的核心，是做人之根本，是家庭幸福的泉源。「忠臣出於孝子之門」，國家的棟樑來自於孝子。弘揚孝道，是利國利世利民的事。

　　去年，我有幸參加聯合國教科文組織（西元2004年十一月二十八日～十二月三日）在澳洲阿德萊德大學召開的國際會議。這個會議是研討彙集多元文化信仰的共同價值觀，以教育來化解世界衝突。在這大會上，淨宗學院院長淨空教授做了一個精彩的演講，講題是：《如何消弭衝突與落實仁愛和平的教育》，在演講中，淨空教授介紹了中華傳統倫理道德教育。他指出，中國聖人總結出道德的十二種德目：」孝、悌、忠、信、禮、義、廉、恥、仁、愛、和、平。倫理道德的教育要以這十二種德目為宗旨，如果人人都認真學習做到，自然是天下和平安定了。」淨空教授還提出落實這些教育的具體建議，受到聯合國教科文組織的重視。西元2005年元月，聯合國教科文組織道德教育亞太地區駐澳洲主席德麗歐女士，專門飛來澳洲圖文巴市淨宗學院，會見淨空教授，面談落實這些建議的具體辦法。好啊！聯合國教科文組織也行動起來了。

　　溫家寶先生在西元2003年十二月訪問美國哈佛大學時，發表過

題為《把目光投向中國》的著名演講。他在演講中說：「中華民族的傳統文化博大精深，源遠流長。早在二千多年前，就產生了以孔孟為代表的儒家學說和以老莊為代表的道家學說……中華民族具有極其深厚的文化內涵。」溫先生指出，「人類正處在社會急劇大變動的時代」，要「回溯源頭，傳承命脈」。

各位朋友，孝，不正是我們中華民族一代傳一代的命脈嗎？孝，不正是一切道德的源頭嗎？孝，這個字，是會意字，是古人智慧的結晶，這個字上面是老字頭，下面是子，說明老一代和子一代是融成一體的，就是孝。

溫家寶先生說：「中華民族的祖先曾追求這樣一種境界：為天地立心，為生民立命，為往聖繼絕學，為萬世開太平。」

各位朋友，透過學習儒、釋、道三家對孝道的闡述，我們才知道，唯有孝，才能為天地立心，為生民立命，為往聖繼絕學，為萬世開太平！

各位朋友，希望我們每一個人，都能成為孝子！

四、戒淫——守身之要

各位朋友，今天我們來探討第二個大問題：戒淫——守身之要

孟子說：「事孰為大？事親為大。守孰為大？守身為大。」（《孟子‧離婁章句》）古聖先賢教導我們：一個孝親，一個守身，這兩件是大事。守身當中以戒淫為重要。

（一）人倫道德是幸福的基石

中國人的祖先，是非常有智慧的。他們根據大自然的運行法則，悟出人類應該如何順從大自然的法則而生存，於是總結出人倫大道：父子、君臣、夫婦、兄弟、朋友。人的一生，都離不開這五種關係。正確處理這五種關係的方法是：父慈子孝，君仁臣忠，夫義婦聽（溫順合作），兄良弟悌，朋友有信。我們靜心想一想，一

個人的一生扮演多種角色，如果真能做到當父親的慈愛，做兒子的孝順；當領袖的仁厚，做部下的忠誠；當丈夫的能做到三義：道義（承擔起家庭的主要責任）、情義（對妻子感情始終如一）、恩義（上敬老人、下愛子孫）；做太太的溫順合作，做到四德：婦德（始終熱愛自己的丈夫、子女）、婦言（言語柔和得體）、婦容（儀態端莊大方）、婦功（善於操持家務及帶好孩子）；兄弟之間團結友愛；朋友之間有信用，來往合乎禮度。在這樣的氛圍中生活，這將是多麼幸福的人生啊！

在這五倫關係之中，是以夫婦關係為中心的，然後才產生了其他四種關係。儒學是中華文化的精華，儒學的主要經典之一《詩經》，有三百多篇名作，是孔老夫子根據三千多首中國古詩選錄的，選取的原則是「思無邪」。《詩經》是用活潑的形式來教化民俗禮儀的，其中第一首《周南‧關雎》開頭說：

關關雎鳩，在河之洲；
窈窕淑女，君子好逑。

這首詩是以物來襯托人。雎鳩是一種鳥，這種鳥從不亂交配，一隻雌鳥只跟著一隻雄鳥，所以民間稱這種鳥是義鳥，知禮儀的鳥。詩中為我們展現了一個優美的景色：在河水中的沙洲上，有雎鳩的雄鳥和雌鳥在和諧地歌唱。襯托著君子追求的是淑女。窈窕，表示美好之意，指的是女子的品德美好。這首古詩，用雎鳩這種義鳥來比喻，說明男女之間的婚配是很莊嚴的事。正如孟子所說的：「男女居室，人之大倫也。」（《孟子‧萬章章句上》）。男女結婚，是人類最重要的人倫關係。

下面我們來看一個例子：明朝時候，有一位學者叫劉理順。他在未成名之前，是一個品學兼優的青年。他曾經受聘在一家富有的人家做家教。他做家庭教師很認真負責，住在主人家中。主人很

器重他，就特別從家中眾多的丫鬟當中，挑了一個聰明漂亮的女孩侍候劉理順，並讓這個丫鬟搬到劉理順的房間住。主人的意思是把這個侍女送給劉理順了，讓女孩子貼身服侍他。經過三年之後，劉理順準備辭去家教工作，上京趕考。在臨行前，他向主人道謝，表示在此住了三年，又感謝主人專門派丫鬟照顧他。他請那家主人領回這個女孩子，另外替她選擇婚配。主人很奇怪，說：「這個丫鬟已經服侍劉先生三年了，感情應該很深厚了，就請您帶她回去作為侍妾吧，怎麼說還讓我另外為她婚配呢？」劉理順對主人的美意很感謝，但他沒有接受。他說：「難道您真以為我是好色之徒嗎？您的這個婢女確實很美麗，而且照顧我的生活三年，和我住在一起，可是我對這個女孩只有感謝的心，卻從來沒有侵犯侮辱過她。我是讀聖賢書的人，怎麼可以違背禮教，未娶正室而先有侍妾呢？這事萬萬不可！」主人聽罷，半信半疑，認為哪有美色當前，而能坐懷不亂的呢？後來請人單獨詢問那個女孩並給她驗身，證實這女孩確是清白的。主人對劉理順先生非常敬佩，讚揚他是一個冰清玉潔有操守的人。劉理順讀書明理，有希聖希賢的心志，在生活中恪守儒家的倫理道德。後來他上京趕考，高中狀元，貴顯一時，成為當代受人敬重的理學大師。劉理順的品德學問，堪稱君子。他在求學期間，以及事業上還沒有成就時，絕不輕率地捲入男女之情中，這種嚴肅的生活態度，不正是今天年輕人學習的榜樣嗎？

我們再看一個例子。東漢時代，皇室中有一位湖陽公主，她看中了皇帝（光武帝）的一個大臣叫宋弘，這位公主就讓皇帝去給她提親。然而，宋弘是有妻室的人了。一天，皇帝就試探著問大臣宋弘，宋弘說：「貧賤之交不可忘，糟糠之妻不下堂。」皇帝聽了這話以後對湖陽公主說：「你想嫁給宋弘，是沒指望了。」宋弘忠實於自己的家庭，絕不喜新厭舊，嫌貧愛富，他對皇帝說出自己的態度：絕不會忘記在貧困時交的朋友，絕不會遺棄曾與自己共患難的妻子。這是多麼高尚的人格！如果是唯利是圖的人，看到皇帝來做

媒提親，會馬上跟自己的妻子離婚了。宋弘有做丈夫的道義、恩義和情義。他的人品不僅為當時的人所稱讚，也是我們今天學習的榜樣。

（二）淫欲氾濫的危害

看看今天的社會，出現了許多不正常的現象。

家庭本來是社會的基石，但是現代離婚率驚人地成長。據美國國家健康統計局的統計，西元2002年美國離婚人數是八十萬人。中華民國離婚率高居亞洲第一，據西元2001年的統計是每結婚3.5對就有一對離婚。中國西元2003年的統計數字是全年有一百三十三萬對夫妻離婚。大多數國家的離婚率是有增無減。據統計，85%心理缺陷的兒童來自離婚後的單親家庭。而這些家庭的孩子在離家出走、輟學、吸毒、強姦、性病、坐牢等方面都超過正常家庭的孩子9～32倍。

據中國人口網的資訊，全世界處於十五～二十四歲之間的青少年有十億，其中中國有二億。在全球範圍內，進行流產墮胎的人中有50%是青少年，平均每分鐘有十名少女進行不安全流產。這是多麼驚人的數字！每分鐘有十名墮胎者，意味著平均每六秒鐘就有一名女子墮胎，每六秒就有一個胎兒被屠殺！台灣每年有三十～五十萬人墮胎，台灣輔仁大學神學院生命倫理研究中心發行的《殘蝕的理性》紀錄片提供的數字是：美國外科每年進行一百五十萬次的墮胎手術。這是多少婦女的血淚創傷！這是多少小生命慘遭屠殺啊！美國亞特蘭大的一位私人診所的男醫生說：「我每天要給五十到六十個人做墮胎手術。有一天我上班，看到那些排隊候診等待做人工流產的婦女，我的心突然顫抖了，我再也做不下去了，我想自殺。我這不是為婦女服務，而是屠殺生命！我寧願放棄生命，也不願意再做一次墮胎手術了。」

據中國海南特區報的報導，在這些墮胎者中二十歲左右的青年

人居多，有的甚至還小。據一家私人診所的醫生介紹，有一個十六歲的女孩，已經是第三次墮胎了。她們通常都是隱瞞自己真實的姓名和身分。醫生們很擔憂：因為這極不利於婦女健康。

我們在《殘蝕的理性》這個紀錄片中，真實地看到許多美國婦女因人工流產而帶來嚴重身心創傷，影響了她們這一生幸福。其中一位婦女墮胎以後大出血，子宮穿孔，如果再懷孕，將會有生命的危險。而且更糟的是，她每天必需要掛著一個人工的肛門排泄袋，她很怕在人群中逗留，怕別人聽到她無法控制的排泄聲。她的生活發生了巨大的變化，她痛苦地說：「如果我早知這樣，我一定不會做這種事了，可是當初沒有人告訴我啊！」

另一位墮胎婦女說：「我殺了我的孩子，手術後我看到桶裡被搗碎的小生命的屍體，我看到那是他的頭，那是他的手指，那是他的小腿，我的整個精神都崩潰了。回到家裡，我痛苦了好幾天，我一生中沒有這樣哭泣過，而且這種悲痛的哭泣越來越頻繁，我想跳樓。」這是多麼痛苦和不幸啊！這種痛苦和不幸，是由於不節制淫欲、不負責任的行為而引起的。

據美國《醫療消息》雜誌的統計，美國每年染上性病的有三百萬人。未成年男女過早談戀愛，婚前性行為，以及墮胎、賣淫活動氾濫。

據西元2005年一月的報導，美國鑑於這種嚴重的社會問題，布希總統不得不提倡節欲運動。目前許多中學都開設了節欲教育課，呼籲青少年結婚前不要發生性關係。布希總統批准2.7億美金支援全國的節欲運動。

由於男女之間輕率的行為，給個人身心健康、名節事業、家庭幸福、社會安定、後代成長，都帶來無法估量的損失。

民國年間，蘇州靈岩山的高僧印光大師曾倡印勸戒淫戒殺等善書三百萬冊。他親自撰文普勸民眾，他說：「不淫獲福，犯淫致禍。」他說：「世人苟於女色關頭，不能徹底看破，則是以至高之

德行，至大之安樂，以及子孫無窮之福蔭，來生貞良之眷屬，斷送俄頃之歡娛也。哀哉！」印光大師這段話是最恰當的評論，值得我們警醒。

接下來，我們再看一個例子。

民國年間的詩人徐志摩（西元1896～西元1931），他的戀愛史和婚變比他的文學作品更轟動於世。徐志摩出身於浙江一戶大富人家，留學英國，他的原配夫人叫張幼儀。張幼儀端莊善良，具有中國傳統的婦女美德，尊重丈夫，孝敬公婆，賢淑穩重，善操持家務。婚後生了一個兒子，能相夫教子。徐志摩的父母疼愛自己的兒子和媳婦，又非常高興有了孫子。所以父母在經濟上是不遺餘力地支持他們的。婚後，徐志摩出國留學。

西元1921年徐志摩在英國留學期間，遇到了一位才貌出色的女留學生叫林徽音，他一見鍾情，忘記了自己是已經為人之夫和為人之父了。徐志摩雖然很有才華，也很有錢，但是林徽音鑑於他已有家室，雖然和他交往頻繁，並沒有答應他的追求。

徐志摩回到家裡，開始對自己的妻子表示了公開地嫌棄，說張幼儀是「鄉下土包子」，還說「我要離婚！」張幼儀還是默默地為丈夫洗衣服、做飯侍候丈夫。當時張幼儀是公公婆婆送她去英國陪讀的，兩歲的兒子留在家鄉由爺爺奶奶照看。21歲的張幼儀已經又懷有身孕了，可是徐志摩狠心地說：「你去打胎。」張幼儀說：「打胎很危險啊，有人會因打胎而死掉的。」徐志摩卻冷漠地說：「坐火車肇事還會死人的，難道你就不坐火車了嗎？」

更有甚者，幾天之後，徐志摩不聲不響地離家出走了。可憐的年輕孕婦，在異國他鄉，舉目無親，語言又不通，她痛苦地想自殺，但是後來想起了《孝經》上的話：「身體髮膚，受之父母，不敢毀傷，孝之始也。」於是打斷了自殺的念頭，是孔老夫子的話救了她的命。她重新思考人生。她煎熬痛苦若干天以後，開始求救於在法國留學的二哥和在德國留學的七弟。兄弟們都向張幼儀伸出了

援助的手，勸她千萬不要打胎，生出了孩子，兄弟願收養。得到手足的幫助鼓勵，張幼儀在德國生了第二個兒子。後來徐志摩又來逼她離婚。他們在一個朋友家裡見面，張幼儀說：「你要離婚，等稟告父母批准才辦。」徐志摩用狠硬的態度說：「不行！我沒時間等！你一定要現在簽字！」張幼儀見他如此無情，對第二個兒子的出生也毫不理會，知道無法挽回，被迫簽字離婚。

因為徐志摩的喜新厭舊和見異思遷，西元1922年，一個美好的家庭就這樣破裂了。徐志摩離婚後，心花怒放，馬上去找林徽音。可是林徽音卻悄然回國了，不久就與他人正式結婚了。徐志摩的追求變成了泡沫。有人評述，時值芳齡的林徽音為什麼沒有嫁給才華橫溢的徐志摩呢？因為林徽音憑直觀的感覺，覺得這個詩人的熱情不足以依賴。

徐志摩留學後回到北京，常與朋友王賡相聚。王賡的妻子陸小曼，是一個漂亮的才女，愛好藝術，擅長詩、書、琴、畫。不久王賡調往哈爾濱工作，陸小曼留戀北京，沒有與丈夫同去。在這段時間裡，徐志摩與陸小曼接觸的機會更多了，徐志摩開始追求陸小曼了。當時北京的知識界，對這兩位才子才女原本是很多讚譽的，但因為他們兩個人的交往已超越了禮度的範圍，徐志摩是在迷戀一個有丈夫的女子，所以社會上的流言蜚語就多起來了。本來這時懸崖勒馬還來得及，但是色迷心竅，徐志摩沒有回頭，最後的結局就是陸小曼離婚了，另一個家庭破裂了，徐志摩和陸小曼結婚了。這件事成為當時轟動京城的新聞。陸小曼的父母不高興，徐志摩的父母更生氣，他們中止了對徐志摩的經濟供給，並且根本不見這個新媳婦。正如《弟子規》所說的：「德有傷，貽親羞。」徐志摩的老師梁啟超在他與陸小曼結婚時，訓斥他說：「徐志摩，你這個人性情浮躁，所以在學問方面沒有成就；你這個人用情不專，以致離婚再娶……以後務要痛改前非，重新做人。」

徐志摩和陸小曼結婚後，住在上海，慢慢地感到了生活的壓

力，經濟拮据。陸小曼生活散漫奢侈，不理家務，家中雇傭人。公公婆婆堅持不見她，她的自尊心受壓抑，生了病。而徐志摩呢，要東奔西跑去兼課賺錢，來往於上海北京之間。徐志摩在北京大學上課，希望陸小曼從上海搬到北京來。可是陸小曼迷戀上海的生活，不肯去，喜歡打牌、跳舞、看戲，特別是吃上鴉片膏和演員們打得火熱。徐志摩對此非常不滿，夫妻經常吵架。西元1931年十一月，徐志摩聽說他過去追求過的林徽音將於十九日在北京舉行演講會，他興奮地搭機趕往北京去捧場。結果這次飛機失事，這位才子結束了五年新婚生活，死時才三十五歲。

徐志摩接受了西方的教育糟粕部分，隨著自己的感覺走，不顧道德。雖然他做到了「我要成為中國第一個離婚的男子」，但是他並沒有幸福。後人著述《小腳與西服——張幼儀與徐志摩的家變》（作者張邦梅）曾評論：「徐志摩一味西化，把固有的道德拋諸腦後，對待共同生活五、六年的結髮妻子，一點恩情也沒有；他忘了朋友之妻不可欺的古訓，竟然與友人之妻陸小曼談戀愛，一手摧毀自己的家庭，又造成另一個家庭破碎，更傷透了父母的心。」

《弟子規》中說：「不力行，但學文；長浮華，成何人。」徐志摩不正是這種人嗎？徐志摩雖然會寫詩作文，但對愛情婚姻輕率的行為，違背了人倫道德，可以說對父母不孝，對子女不慈，對妻子不忠貞，對朋友無信義，而且他為人師表帶壞風氣，所以他的結局是不幸的。

與之相反，他的原配夫人張幼儀，被丈夫遺棄以後，重新生活，入德國學校學習，專攻幼稚教育，五年後學成回國。上海一家女子銀行聘她做總裁，並且她還經營了一家服裝公司，均大獲成功。她在百忙中還請了一位國學老師，給自己講解孔孟之道，每天一小時從不間斷。她有留學的新學識，又攝取中華文化的精華，不忘中國傳統的美德，離婚後自己撫育兒子長大成人，仍然孝敬徐家二老，作為乾女兒照顧二老，為他們送終。徐志摩罹難後，張幼儀

每月還寄錢幫助陸小曼，台灣版的《徐志摩全集》是在她的策劃下編輯的，她享年八十九歲。我們看到張幼儀敬老愛幼，她寬恕了徐志摩，還出版了他的文集，接濟他的遺孀，而且經濟富厚，事業興隆，兒孫孝順。她受到人們的尊敬和稱讚，她是幸福的。

以上我們從民國詩人徐志摩的例子，看到活生生的事實，男女之間違犯道德的行為，給人生帶來不幸的後果，給社會帶來不良的影響。那麼，應該如何避免這種事件的發生呢？

這就是我們在下面要談的問題：

五、如何戒淫

淫欲，它是從心裡萌發的念頭，要從根本上解決，還要在心理上著手，而同時又要在事上禁止。下面我們提供四條，謹供參考。

（一）學習聖賢　提高志趣

我們先看一個例子。宋朝有一位賢能的宰相，叫司馬光，人們尊稱司馬溫公。當時，他沒有兒子，他的夫人很著急，覺得自己沒有生兒子，就做主替丈夫買了一個女子做妾，而且這個女子長得非常美麗。夫人就把這個女子送到司馬光的書房，司馬光正在專心看書，他沒有注意這件事，也沒有抬起眼看這個妾。這個妾為了討好司馬光，就拿起一本書問：「這是什麼書啊？」司馬光很嚴肅地說：「這是《尚書》。」之後他又去專心讀書了。這個美麗的妾，在房間裡站了一會兒，又各處看了一下。司馬光沒有再和她說話了，她就只好自己退出了。

在這裡，我們看到一個「讀書志在聖賢，為官心存君國」的人，對於女色置若罔聞，心中全是倫理道德、聖賢教導，志趣是「先天下之憂而憂，後天下之樂而樂」，即使是美色當前，心無欲念，歸然不動。

司馬光和劉理順（上面提到的例子）都是以聖賢的教誨作為自

己的精神世界的內涵，居高臨下，那麼戒淫的問題就迎刃而解了。

　　儒家經典之一《禮記‧禮運篇》教導我們恪守人倫道德，盡人的十種義務：「父慈、子孝、兄良、弟悌、夫義、婦聽（溫順合作）、長惠、幼順、君仁、臣忠十者謂之人義。」又指出我們不能跟著人的情欲走。「何謂人情？喜怒哀懼愛惡欲七者」，「聖人之所以治七情，修十義」。在日常生活，我們遵循聖賢教導，控制自己的七種情欲，不讓它氾濫，盡自己應盡的十種道義，我們就不會犯錯誤了。

　　儒家的經典《四書‧大學篇》中教導我們，「自天子以至於庶人，壹是皆以修身為本。」如何修身？首先，從「格物致知」開始。格物，有多種解釋，取印光大師的解釋，格物者，革除物欲，致知者，開啟智慧。所以《大學》中有著名的教誨：「古之欲明明德於天下者，先治其國。欲治其國者，先齊其家。欲齊其家者，先修其身。欲修其身者，先正其心。欲正其心者，先誠其意。欲誠其意者，先致其知。致知在格物。」所以，立志無論大小，或希望自己好、家庭好，或希望國家好、世界好，都要先從格物開始，在革除物欲上下功夫。孟子曰：「養心莫善於寡欲。其為人也寡欲，雖有不存焉者，寡矣。其為人也多欲，雖有存焉，寡矣。」（《孟子‧盡心章句下》孟子告誡我們，修養心性的方法，沒有比減少欲望更好的了。為人欲望不多，即使善良的心性有所喪失，也喪失不多；為人欲望很多，即使善良心性有所保存，也保存極少。要把自己的志趣從財、色、名、食、睡五欲中提升起來。孟子曰：「人之有道也，飽食、暖衣、逸居而無教，則近於禽獸。」（《孟子‧滕文公章句上》）人的規律是：吃飽穿暖、住得安逸。如果沒有受教育，就和禽獸差不多。故「教以人倫，父子有親，君臣有義，夫婦有別，長幼有序，朋友有信」。孟子的這段話就是儒家的五倫。孟子還指出：「仁也者，人也；義也者，宜也；禮也者，履也；智也者，知也；信也者，實也。合而言之，道也。」（《孟子‧盡心章

句下》。注：有的版本沒有說的那麼全，據朱熹《孟子集注》說：「如此則理極分明」）孟子這段話就是儒家的五常：仁、義、禮、智、信。仁，就是講究愛人；義，就是做事合理；禮，就是履行規定；智，就是具有智慧、知識；信，就是講究誠實。合起來，便叫做道。

這五倫五常，就是古聖賢教我們的道德。願各位朋友，都能記住它，理解它，實踐它。現在全國各地兒童讀經活動逐漸開展起來，青年人也要抽空補課。在這裡介紹一些眾口皆碑和行之有效的聖賢經典，以供參考：《弟子規》、《三字經》、《孝經》、《大學》、《論語》、《中庸》、《孟子》、《禮記》、《易經》、《朱子治家格言》、《了凡四訓》、《老子‧道德經》、《太上感應篇》、《文昌帝君陰騭文》、《佛說十善業道經》等。

其中《弟子規》是我們做人的基礎，應從這裡落實。淨空老教授在西元2005年新年獻禮致辭中特別指出：「願我同倫特重《佛說十善業道經》及《弟子規》的認知與學習，務必百分之百地圓滿落實，此乃化解一切災難之根本修行大法！」

（二）非禮勿視　非禮勿動

有一次，孔老夫子的學生顏回向老師請教關於克己復禮（抑制自己履行禮規）的實行問題。孔老夫子說：「非禮勿視，非禮勿聽，非禮勿言，非禮勿動。」不合禮的現象不看，不合禮的聲音不聽，不合禮的話不說，不合禮的事不做。顏回說：「回雖不敏，請事斯語矣。」我顏回雖然遲鈍，也要踐行這些話。（《論語‧顏淵第十二》）

各位朋友，我們應該說，今天雖然誘惑很多，我們更要實行這四句話。《弟子規》教導我們：「非聖書，屏勿視；蔽聰明，壞心志。」「鬥鬧場，絕勿近；邪僻事，絕勿問。」

現在媒體傳送訊息的管道實在是太多了。青少年的犯罪率為什

麼增加？據中國青少年犯罪研究所的統計數據：近年來，青少年犯罪總數已經佔到了全國刑事犯罪總數的70%以上。網路中的有害資訊以及一些電影、電視、書刊的色情描寫嚴重污染青少年的心靈，誘導他們走上犯罪的道路。數年前，網路剛興起時，據台灣的一份資料顯示，每天上線觀看色情網站的人數約八十萬人。可想而知全世界每天有多少人受到色情的毒害！中國有三億多的青少年，每天還不知道有多少人被污染。因此今天，回憶先師孔老夫子的教導更有意義了。決定要做到非禮勿視，非禮勿聽，非禮勿言，非禮勿動。

　　我們來看一個非禮勿動的例子。明朝嘉靖年間，有一位俊美文雅的書生，正在準備功課。要上京趕考。他的鄰居有一個少婦，很美豔，她對這個書生很注意，而且心裡很愛慕他。但是，她是有夫之婦，一天她的丈夫出遠門，她就隔著牆的空隙招呼那個書生，叫他從牆上越過來。這個書生動了心，他就搬了一個梯子，一步步地登上去了。突然，他一轉念想，孔老夫子有訓導：非禮勿動。我是讀書人，怎麼可以做這種背禮的事。於是他就從梯子上退下來了。那個少婦，很不甘心，又以溫聲細語勾引他。於是書生又動搖了，又爬上了梯子，騎在牆上，又想起聖賢的教誨：君子要慎獨，而且上天不可瞞。於是急急地下梯，關上門戶，閉門不出了。不久上京趕考，考中了，很順利。主考官在改卷子的時候想，今科的狀元不知是何人呢？瞌睡中聽到耳邊有聲音說：「狀元乃騎牆人也。」放榜之後，狀元、榜眼、探花（前三名）等都來拜見主考官，主考官就問：「怎麼有人告訴我說狀元乃騎牆人也，這是怎麼回事？」那位書生就把自己的一段遭遇如實地告訴了主考官，於是就留下了這段故事。

　　我們可以看到這位書生在誘惑面前，是存教禮而滅情欲。經過心理掙扎，他是非禮勿動，所以他才能專心準備功課，狀元及第。如果不這樣的話，他的錦繡前程就毀於一旦了。

在男女之間的交往中，要注意保持禮貌的距離。這個「禮」是非常重要的。佛家講戒律，儒家講禮規，超過了禮規，就會鑄成錯誤。

（三）白骨觀、不淨觀與觀空

我們先看一個例子。唐朝山西太原有位書生叫狄仁傑，他生得風度翩翩，豐神俊朗，是一個文雅清秀的讀書人。他上京參加考試，途中寄宿在一家旅舍。晚上，夜深了，他還在讀書，突然有一個美麗的少婦，悄悄進來會見他。一問之下，才知道她是這家客棧主人的媳婦，因丈夫剛死不久，是一個新寡。她白天見到狄仁傑年輕英俊就動了心，晚上來找狄仁傑相會。狄仁傑看到這個少婦確實是年輕貌美，而且千嬌百媚地挑逗自己。可是他突然想起了一位老和尚的話，就嚴肅而和藹地對這個少婦說：「我以前曾借住在一所寺院中讀書，曾經有一位老和尚為我看相，說我的相主貴，將來必能榮顯。但是一生要特別謹慎，不要因貪愛美色而犯淫戒。我請教老和尚，美色當前，是極難控制的，不知用什麼方法能熄滅淫念呢？老和尚慈悲地對我說：『我教你一個好方法。男女之間因貪愛美色而起欲念，這時你就觀想對方忽然生了一場大病，骨瘦如柴，頭髮蓬散，眼睛深陷，像鬼一般可怕，再觀想她死的時候那種抽搐難看的樣子，以及死後身體發臭，那麼你熾熱的欲火就一下子冷卻了。』」狄仁傑說：「我非常敬佩和感謝這位老和尚的教導，不敢遺忘。所以我也把你當病重、病死想。你也可以用老和尚的方法觀想我，那麼我也是一堆白骨，一堆臭肉，沒有什麼可愛的。這樣你也就可以為你的丈夫守節了。」那少婦聽完狄仁傑這一席話覺得十分慚愧和感動，她流淚跪下，拜謝說：「感謝您的大恩大德，不但保全了我的名節，還指示我熄滅淫欲的方法，我今後一定會潔身自守。」後來這位少婦果然堅守婦節，受到朝廷的表彰。而狄仁傑上京趕考及第，成為唐朝安邦定國的重臣，官做到宰相。後來又被追

封為梁國公，極為顯貴。狄仁傑為政期間，焚燒淫書，獎勵百姓崇尚道德禮規，是一代名臣。

在這個真實的故事裡，我們看到狄仁傑沒有犯錯誤是得力於一位老和尚教他白骨觀、不淨觀。中國禪宗第一代祖師達摩大師曾做一首皮囊歌：「尿屎渠，膿血聚，算來有甚風流趣。」唐朝道家大德呂洞賓說：「休誇少年趁風流，強走輪迴販骨頭。不信試看明鏡裡，面皮底下是骷髏。」

我們再看一個例子。明朝的時候，有一好色青年，很想改掉自己的惡習，常常為此很煩惱。就去請教一位大德王龍溪先生。王先生說：「假如有人告訴你，有一位貌美如花的名妓在房間裡等著你，你一定會興沖沖地去，可是打開房門一看，原來是你的姐姐，或者原來是你的女兒，你此時的淫念是否會立刻熄滅呢？」這位青年回答：「當然是沒有了。」王先生說：「所以淫念本來就是空的，只是你誤把它認作是真的了。」

《金剛經》說：「一切有為法，如夢幻泡影。」人生就是一場夢，過去的風流，而今安在？剛剛的念頭，現在也沒有了。所以古人說：「靜心一返觀，男女真兒戲。」如果一個人常常能提起「凡所有相皆是虛妄」，世事如幻，那麼他對美色就不會貪著了。

總之白骨觀也好，不淨觀也好，觀空也好，都是用智慧來化解，讓我們把情欲放下，不要讓它作祟，不要讓它牽著鼻子走。

（四）深信因果　戒淫得福

如果一個人他對於以上所說的道理方法都不懂，但是他能深信因果，不做違禮違法的事，他就得福了。

種瓜得瓜，種豆得豆，種善因得善果。以戒淫為因，果報是什麼呢？果報首先是得功名如意，眷屬如意，能得貴子（好後代），能健康長壽（夫妻之間能節欲，均得健康長壽）。戒淫能令人身心安樂，最後得善終。中國人所推崇的五福：富貴、康寧、好德、長

壽、善終，都可以得到。

我們來看一個例子。

古代有一個人叫何澄，他是一個有名的中醫。有一天，有一個姓孫的病人請何醫生到家中看病。這個病人已經生病臥床很久了，他家中的財錢都用盡，能典賣的東西都賣了治病，可是病還是不好，所以請何醫生來診治。病人的妻子小聲對醫生說：「家中沒有酬金給您，我只有陪您睡覺來報答您。」何醫生聽了之後，很嚴肅地拒絕她說：「你怎麼說出這種話？我不收錢，也一定會為你丈夫認真看病治療。你不要說這種話來侮辱我的人格，況且你也是自己侮辱自己啊！」病人的妻子聽了，很慚愧地退了出去。晚上，這個何醫生做了一個夢，夢見一個天神告訴他說：「你行醫有功，而且不會乘人之危急亂人婦女，壞人倫常。所以天賜你五萬錢。」這個醫生夢醒後，也沒有在意此事。可是過了不久，皇宮太子生病，有人推薦何醫生去看，服藥一劑就痊癒了，即賞錢五萬，與何澄夢裡天神說的一樣。

戒淫得福，邪淫致禍。凡是不為國家法律或社會道德、倫理道德所承認的男女關係都屬邪淫範疇，邪淫致禍。我們不要忘記，民國詩人徐志摩給我們的教訓。我們明白了這些道理，沒有不棄邪歸正的。倘若以前做過錯事，現在明白了，改過自新，天不懲懺悔改過之人。古德說：「人非聖賢，孰能無過？過而能改，善莫大焉。」沒有做過錯事的人，更要謹慎自己，學習聖道，恪守禮規，以防失足。《弟子規》明確教導我們：「見人惡，即內省；有則改，無加警。」

🌼 六、結束語

古人說：「百善孝為先，萬惡淫為首」。各位朋友，我們今天相聚，也就是研討了這兩個問題：孝與戒淫。孝是立身之本，戒淫是守身之要。人在天地之間，是需要有這樣的德行才能站得住，一

生才能吉祥如意。讓我們共同努力，使自己成為一個高尚的人，一個脫離粗劣沒品的人，一個有益於國家和人民的人。最後，讓我們用《弟子規》——這被稱為做人子女和學生的第一規範的嘉句來結束今天的討論，那就是「勿自暴，勿自棄；聖與賢，可馴致」！

　　謝謝大家！

「不矜細行，終累大德。」——《尚書》

為和諧世界培養君子儒

（西元2008年六月六日至八日在國際儒學
聯合會儒學普及工作座談會講演稿）

🏵 一、前言

尊敬的各位仁者、各位大德，後學非常榮幸能來參加國際儒學聯合會的普及工作座談會，並感恩給後學的發言和向諸位仁者請教的機會。

儒學聯合會顧名思義就是推廣儒學的。這個「儒」字是什麼意思？「儒」是「亻」字邊一個需要的「需」，也就是說，儒是每個人都需要的。需要什麼？需要懂得倫理道德，懂得做人，需要回歸「人之初，性本善」，都需要做好人、做君子，做聖賢！由此實現和諧社會，大同世界！所以我們應該大力地普及、推廣。可見本次的普及工作座談會就非常有意義。

🏵 二、「君子儒」與「小人儒」

在《論語》裡面有一段孔老夫子對他的學生子夏談的話：子謂子夏曰：「汝為君子儒，無為小人儒！」孔老夫子的學生子夏是通文學的。所謂孔門四科：德行、言語、正事、文學。子夏對文學很有造詣，而孔老夫子告訴他：「你要做君子儒，不要做小人儒！」這是暗示子夏，光做學術研究不足以稱為君子儒。

君子儒首要條件是什麼？是德行。所以孔門四科裡講的德行是第一位，德行之後才有言語、正事（正當的事業）和文學。如果我

們做儒學研究，而忽略了德行的落實，那就等於只做文學，忽略了德行，這是孔老夫子不願意見到的。所以君子儒和小人儒不同的地方就是君子儒真正把德行落實了。

這就是淨空老教授在講演當中反覆強調：學儒和儒學不一樣。君子儒是真正學儒的人。那就是向孔老夫子學習，做當代的孔老夫子，真正實現「修身、齊家、治國、平天下」。「治國」就是現在講的和諧社會，「平天下」就是現在我們提倡的「共建和諧世界」。這對社會、對人群有真正利益。

小人儒是什麼呢？小人儒只注重學術研究而忽略德行，只是做儒學，沒有真正學儒，所以他們所學的沒有落實到自己的生活、言行。德行沒有真正向聖賢人靠近，自己身都未能修，又何談齊家治國平天下？所以現在國際儒聯要普及這個工作，我們首先要把君子儒和小人儒的概念分清楚，然後確定方向培養學儒人才，而不是培養只做儒學的學究。

當然儒學作為學術研究也要發展，做儒學的目的是為什麼？目的是為了更好地學儒。研究儒學的真正目的不是讓我們在大學裡面得到教授的頭銜，或者是提升薪資，出幾本著作，得到個人的名聞利養，重要的是自己修身，把孝、悌、忠、信、禮、義、廉、恥做實踐，而能夠正己化人，教化人民群眾都來遵守倫理道德，學為人師，行為世範，則和諧世界並不遙遠。

具體教學和培養君子儒的方法有兩個方向：一個是君子儒的普及教育，一個是君子儒的師資培養。

三、如何普及君子儒的教學

《禮記‧學記》告訴我們：「建國君民，教學為先」，而教學成敗與否關鍵在師資。要培養真正有君子之風、君子之德的學儒人才和教育師資，就必須先幫他們扎根。淨空老教授指出：學儒要從《弟子規》學起，《弟子規》是儒的根。《弟子規》裡有七個部

分：入則孝、出則悌、謹、信、愛眾、親仁、學文。《弟子規》講的雖然是生活的小事，可是小事當中有大道理。這是幫助我們向君子、向聖賢邁進的一部很好的基礎教材，所以我們不可以忽略小的生活行為。古人有說：「不矜細行，終累大德。」（小的這些行為如果沒有注意到，最終必定會損害了自己的德行。語出《尚書》）

在普及扎根教育方面有以下幾點考慮。

（一）強調家庭教育

在普及工作方面首先要建立一個理念，教育起始於家庭。家教很重要，父母是孩子的第一教師，尤其是母親，所以古人有所謂「母教是天下太平之源」，要真正使世界長久的和諧，家庭教育是基石。國際儒聯的志士仁人欲普及儒學於天下者，須先從提倡家庭德行教育下手。

（二）教育中心的教學模式

淨空老教授在他的家鄉安徽省廬江縣湯池鎮建立的中華文化教育中心，在這個僅有四萬八千人口的小鎮裡面，這個中心開展對民眾的普及教育，老師們深入到農村，深入到鎮民的家裡，教導大家如何行孝？如何互相禮敬？如何愛護環境？做得都很成功。西元2006年十月在巴黎聯合國教科文組織總部舉行了一次大型的會議，其中一個會議的議題，就是由廬江文化教育中心介紹他們的和諧示範鎮的普及教學經驗，引起了全世界很多國家、地區的仁人志士興趣。許多國家的大使、和平教育的工作者都紛紛表示要到廬江中華文化教育中心參觀、訪問、學習，據我所知已經有好幾批的國外考察團來過了。連印尼前總統——瓦希德老先生，雖然他身體不是很好，不能親自前來，但是他對廬江中心的情況很了解，聽取了有關人士的報告以後，他親自致電給淨空老教授，讚歎中心的教學成果。

文化教育中心的這種工作方式應該推廣，最好是由國際儒聯來帶動，鼓勵在各地做這樣的試驗，一定會有可喜的成效。有心人士最好前往湯池鎮做研究、學習。

（三）遠端教學

鑑於優良的師資非常缺乏，可利用遠端教學來擴大教育覆蓋面。聘請有學問、有德行的老師，在攝影棚裡面講解古聖先賢的典籍，然後透過網際網路向全世界播放。講解典籍力求生活化、越平實易懂越好。如果沒有跟我們的日常行為聯繫起來，就很難讓群眾學會如何落實，所以講解這些典籍要掌握平易化、現代化、生活化的原則。後學最近在攝影棚裡面，也講過《弟子規》、《了凡四訓》、《太上感應篇》、《佛說十善業道經》、《地藏菩薩本願經》、《三時繫念全集》等儒釋道三家的典籍，現正在講《孝經》（依唐玄宗注、邢昺疏），後學的講法是盡量把聖賢的理念結合到我們現在的日常生活當中，幫助大家落實。

（四）教材推介

要推廣普及教育首先要把基本教材確定好，這些教材最好能夠透過像國際儒聯這樣的學術權威機構來出面推廣，並且向國家教育部門推薦介紹。後學根據老恩師五十多年來的教學心得，列出一些儒家精粹的扎根德育教材，用於推廣普及：

（1）《弟子規》

（2）《孝經》

（3）《三字經》

（4）《四書》（或單用《論語》）。可挑出最適合現代人學習的精華語句來進行詳細講解。

（5）《八德故事》。挑出跟現代人相適合的孝、悌、忠、信、禮、義、廉、恥的故事。

（6）《了凡四訓》。明朝進士袁了凡先生寫給兒子的四篇家庭訓誡文，歷代都在傳誦。聽說在台灣中學的課本裡面都採用《了凡四訓》作為教材。

（7）《五種遺規》（節選）。清朝陳弘謀先生編，分養正遺規，訓俗遺規，教女遺規，從政遺規，在官法戒錄五部分，乃儒家修身立德之難得寶書。

德行教育的教材「不貴多，貴於精」。真正把這幾部典籍請專人來講解，講得讓大眾喜歡，知道怎麼落實。這些講解的光碟，可以放在網路上、國家教育電視台播放，並推廣講解的光碟，在教育部門裡面，在各地大、中、小學進行推廣。

（五）媒體的配合

可以考慮由國際儒聯聯繫跟媒體（如電台，電視台，網站）等合作。例如，在電視台開設「經典講壇」，請有德學的人士進行講解。電台也可以在專門時段播放經典教讀和講解的節目，可以把聖賢教誨送到千家萬戶。由小範圍做試驗，逐漸推廣至全國。

四、如何培養君子儒的師資

孔老夫子在《論語》中說：「人能弘道，非道弘人。」要把君子儒的教學弘揚開來，要靠誰？要靠德才兼備的老師。經典再多，如果沒有人研讀，沒有人去講解，只是塵封於圖書館的書櫃裡，而不能利益社會大眾，則非常可惜，所以師資培養是重中之重。

師資培養首重扎德行根，包括儒釋道三家的根。儒之根是《弟子規》，道之根是《太上感應篇》（講善惡報應絲毫不爽的因果道理），佛之根是《佛說十善業道經》（養成純淨純善之心，是入佛門的基礎），都要自己百分之百落實，落實了以後再去教學，才能有感動力。因為他真正落實了經典裡的教訓，內心有真正的感受，那麼他講解經典，是由衷而發，不是照本宣科，所以能感動人。例

如，我們看到很多老師講《弟子規》，但是講的效果不一樣。有的老師上台講《弟子規》，能講得讓聽眾都瞌睡不止；有的老師講《弟子規》，能講得讓聽眾熱淚盈眶。效果如此懸殊，就是因為老師本人在力行方面不同，力行能夠深一層，悟入就深一層，講出來的感動力就能大一層。

培養這些師資人才是需要長時間的，所謂「十年樹木，百年樹人」。我們的老師——淨空老教授，現在有意想培養後起的、年輕一代的儒、釋、道三家的師資人才。培養的方針就是「三年扎根，十年專修」，頭三年中把儒、釋、道三家的德行的根落實。這三部基礎的經典都能做到，然後才有資格進入十年專修班。

這些學子們可在儒、釋、道三家裡面任選一部經典，一門深入十年，就能貫通。一經通就一切經通。儒、釋、道三家的聖賢就像清朝雍正皇帝所說：「理同出於一原，道並行而不悖，」三家的理是相通的，都是出自於心性的學問，所以三家的教學可以相輔相成。

每人選一門深入，譬如學《論語》，邊學邊講，每天給同學們做半小時的報告，四個月能講完，然後再從頭講，一年講三遍，反覆講，不換科目，十年能講三十遍，則成為世界的《論語》大師了。在深入本科目的同時，可以兼聽別的同學講解的其他科目，既專攻，又博學，這樣十年下來必定能成就大器。

這些學子們在一個封閉的、清雅的書院中學習，跟外緣基本隔絕，保持自己的心安定。《大學》中說：「知止而後有定，定而後能靜，靜而後能安，安而後能慮，慮而後能得。」「慮」是智慧，「得」是真正得到了聖賢的境界，著手處就要懂得「知止」。止住外緣，閉門禁足，十年專攻，這樣就能心定，心靜，心安，才能夠開智慧。

孔老夫子曰：「見善如不及，見不善如探湯；吾見其人矣，吾聞其語矣。隱居以求其志，行義以達其道；吾聞其語矣，未見其人

鍾博士談：尋找中國文化精神

224

也。」淨空老教授提倡的「三年扎根」就是落實「見善如不及，見不善如探湯」的德行，而後「十年閉門專修」就是落實「隱居以求其志，行義以達其道」。

如果真正能夠培養出十個、八個這種君子儒、聖賢儒，要復興儒家的教育，實現和諧社會、和諧世界並不難了。希望我們共同努力，為普及儒學，為培養君子儒、聖賢儒，為實現至聖先師的大同世界的理想共同努力！

「知止而後有定，定而後能靜，靜而後能安，安而後能慮，慮而後能得。」

——《大學》

後記

後記

　　本書告訴我們，孝悌忠信，禮義廉恥，仁愛和平，父慈子孝，兄友弟恭，夫義婦德，君臣有義，朋友有信，真誠恭敬，淡泊節儉，謙虛守禮，責任智慧……凡是有益於他人的無私的品德，無一不是傳統意義的中國精神，而中國精神的核心是孝悌之道。

　　每一次演講，鍾博士都讓人感受到他發自內心的至誠。友誠演講即將結束時，他再次表達對王理事長邀請的感恩，對大家一起來耐心地參與學習分享的感恩，讚歎大家四個小時學習的用心和難得，他說這是對他一個很大的鼓勵，他將繼續努力，而且是跟大家一起努力，使中華文化再次顯發光明……那種處處為他人著想，時時感恩的心境非常令人欽佩，無不感恩，毋不敬，這也是中國精神。據說人累積福報始於敬田、恩田、悲田三個方面，三田皆具一身的鍾博士所到之處，演繹的都是中國精神，給大家帶去的也必定是一片心靈的光明！

　　鍾博士在首屆「商亦載道精神啟示論壇」演講的開始，不以導師自居，非常謙卑地說自己是作為一個學生的身分，向大家彙報學習金融以及中華傳統文化兩方面的心得。「誠於中，形於外」，寥寥數語，至誠心境表露無遺，這是承傳了祖師大德們的真實風範和心境，這是真正的傳統文化，這種心境就是中國精神，大家當下就置身在一種濃濃的中國文化的氛圍中了，博士《道義拯救商業危機 中華倫理之世紀重建之路》的演講，還沒

有開講，聽眾就已經入道了，所闡揚的義理當然是事半功倍。其實什麼是「演講」，除了言語點滴行為，都在「講」，甚至眼神、狀態都在「講」，功深在於「學養」，所以真正的功夫是涵養出來的，是「修德有功」，而性德時時處處顯發而已。

友成基金會秘書長甘東宇先生盛讚鍾博士精彩的演講，說鍾博士從一個文化的傳播者，從中國文化的視野去解答我們如今的經濟和金融方面所遇到的問題，同時作為一個金融學的專家，從金融的角度去印證我們古代聖賢早已闡述過的哲理，真是耳目一新，讓我們大開眼界。

他說更令人感動的是鍾博士演講之外的功夫。他講了一個鮮為人知的小故事。有一次去黃帝陵祭祖的時候，看到地上有很多的菸頭，鍾博士就把它們一個一個地揀起來，然後扔到垃圾箱裡。這種從點滴做起，從自身做起，親力親為，用自己的行為去影響別人的精神，感人至深。甘先生認為這是大家最應該向鍾博士學習的，聽眾用熱烈的掌聲響應他的倡議。「好學近乎智，力行近乎仁」，學貴力行，知行合一才是學到了實處，正己化人也才是真正的聖賢風範。

甘先生在鍾博士演講的最後總結說：「我也特別感動於鍾博士有這樣好的一位母親。鍾博士能從對母親的孝走向到對全體人民的孝——大孝，然後走向至孝，我覺得我們的鍾媽媽是功不可沒的。所以，我也希望我們大家以最熱烈的掌聲來獻給鍾媽媽！」

甘先生的確很有智慧，帶著在場所有的聽眾，回溯了博士生命的本源，大家心有靈犀，用熱烈的掌聲呼應，對鍾媽媽與博士的兩代品格由衷讚歎！

我們每每驚歎於博士各種演講、研習報告分享之精彩，尤其

想到博士生於諸聖先賢幾千年之後，還能將幾千年之前的聖賢教誨傳遞得如此圓滿通達，心中便是無盡感佩。

幾年來，電視中見到博士不疲不厭，念念為大眾之仁愛慈悲，多少人心存無盡的感恩。我們感恩參天碧樹的福蔭，又怎能不把目光回溯到源頭——辛勤的園丁，鍾媽媽的身上，是這位偉大母親的辛勤教養和培育，才能使我們一次次得遇博士的學習心得報告，亦才有鍾博士今日網路中居家成教化育寰宇。

有緣學習了《母慈子孝》，才知道鍾博士從無到有，莊嚴存在，從幼至今，母親的教育不僅與生命同步，甚至早於生命的開始，內心對鍾媽媽恩德之感念，實在無語稱焉，在鍾博士演講報告集結成書——《尋找中國文化精神》即將出版的時刻，謹在此表達我們內心對鍾媽媽的敬意：

感恩她三十多年辛勤哺育教養幼苗茁壯，感恩她示範母教為天下太平之源，感恩她大仁大義送子拜師，為傳統文化送來砥柱棟樑！

正是鍾媽媽和博士的示範，天下不知道增加了多少孝子賢孫，這一切又何嘗不是源於趙媽媽（博士的外婆）之閨閫母教，這是我們中華聖賢的生命之河在默默流淌，生生不息⋯⋯

世人尚高峻，博士獨謙光，居家成教，芝蘭深林，養母心志，善繼師志，作聖賢學問，以千古道脈為任，能說能行，尤善以身說法，欲仁仁至，非口中聖賢，乃樸實人師，真語實語者，此為傳統文化復興之大幸矣⋯⋯

時日愈增，我們對鍾博士德行高義識見一分，對鍾媽媽恩德之感念便會累加一層，巍巍高山乎，又潺潺流水分，母慈子孝如此圓滿聚合，當是祖先加被賜教世人，亦是國家將興之禎祥！因為尊敬的鍾媽媽，我們想起了許多聖哲的母親——孔母，孟母，

范公之母……也在此深深緬懷她們的無量功德。

　　教授身行垂範與契理契機之闡述，傳遞著傳統文化不竭的活力與影響力，時值今時今日，深為不可思議，我們有緣學習，當對博士的言傳身教，拳拳服膺，方不負鍾媽媽與博士慈母孝子中國精神之演繹。

　　雲山蒼蒼，江水泱泱，中國精神，千古留香！

——編者謹呈

【鍾博士談：尋找中國文化精神】

NOTE

【鍾博士談：尋找中國文化精神】

NOTE

心得隨筆

心理勵志小百科好書推薦

全世界都在用的80個
關鍵思維NT：280

學會寬容
NT：280

用幽默化解沉默
NT：280

學會包容
NT：280

引爆潛能
NT：280

學會逆向思考
NT：280

全世界都在用的智慧
定律 NT：300

人生三思
NT：270

陌生開發心理戰
NT：270

人生三談
NT：270

全世界都在學的逆境
智商NT：280

引爆成功的資本
NT：280

每個人都要會的幽默學
NT：280

潛意識的智慧
NT：270

10天打造超強的
成功智慧
NT：280

捨得：人生是一個捨與
得的歷程，不以得喜，
不以失悲
NT：250

智慧結晶：一本書就像
一艘人生方舟
NT：260

氣場心理學：10天引爆
人生命運的潛能
NT：260

EQ：用情商的力量構築
一生的幸福
NT：230

華志文化嚴選　必屬佳作

健康養生小百科好書推薦

圖解特效養生36大穴
NT：300（附DVD）

圖解快速取穴法
NT：300（附DVD）

圖解對症手足頭耳按摩
NT：300（附DVD）

圖解刮痧拔罐艾灸
養生療法
NT：300（附DVD）

一味中藥補養全家
NT：280

本草綱目食物養生圖鑑
NT：300

選對中藥養好身
NT：300

餐桌上的抗癌食品
NT：280

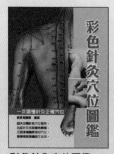

彩色針灸穴位圖鑑
NT：280

鼻病與咳喘的中醫
快速療法
NT：300

拍拍打打養五臟
NT：300

五色食物養五臟
NT：280

痠痛革命
NT：300

你不可不知的防癌
抗癌100招
NT：300

自我免疫系統是身體
最好的醫院
NT：270

美魔女氧生術
NT：280

你不可不知的增強
免疫力100招
NT：280

節炎康復指南
NT：270

名醫教您：
生了癌怎麼吃最有效
NT：260

你不可不知的對抗疲勞
100招
NT：280

食得安心：專家教您什
麼可以自在地吃
NT：260

你不可不知的指壓
按摩100招
NT：280

人體活命仙丹：你不可
不知的30個特效穴位
NT：280

嚴選藥方：男女老少全
家兼顧的療癒奇蹟驗方
NT：280

鍾博士談：尋找中國文化精神／鍾茂森博士著.
-- 初版. -- 新北市：華志文化，2014.12
面；　公分. --（中華文化大講堂；3）

ISBN 978-986-5636-03-6（平裝）

1.中國文化　　2.文集

541.26207　　　　　　　　　　　　103021308

書名／鍾博士談：尋找中國文化精神

系列／中華文化大講堂 0 0 3

日華志文化事業有限公司

作　　者　鍾茂森博士

執行編輯　林雅婷

美術編輯　簡郁庭

封面設計　王志強

文字校對　陳麗鳳

企劃執行　康敏才

總　編　輯　黃志中

社　　長　楊凱翔

出　版　者　華志文化事業有限公司

電子信箱　huachihbook@yahoo.com.tw

地　　址　116 台北市文山區興隆路四段九十六巷三弄六號四樓

電　　話　02-22341779

印製排版　辰皓國際出版製作有限公司

總　經　銷　旭昇圖書有限公司

地　　址　235 新北市中和區中山路二段三五二號二樓

電　　話　02-22451480

傳　　真　02-22451479

郵政劃撥　戶名：旭昇圖書有限公司（帳號：12935041）

出版日期　西元二〇一四年十二月初版第一刷

售　　價　二三〇元

華志文化

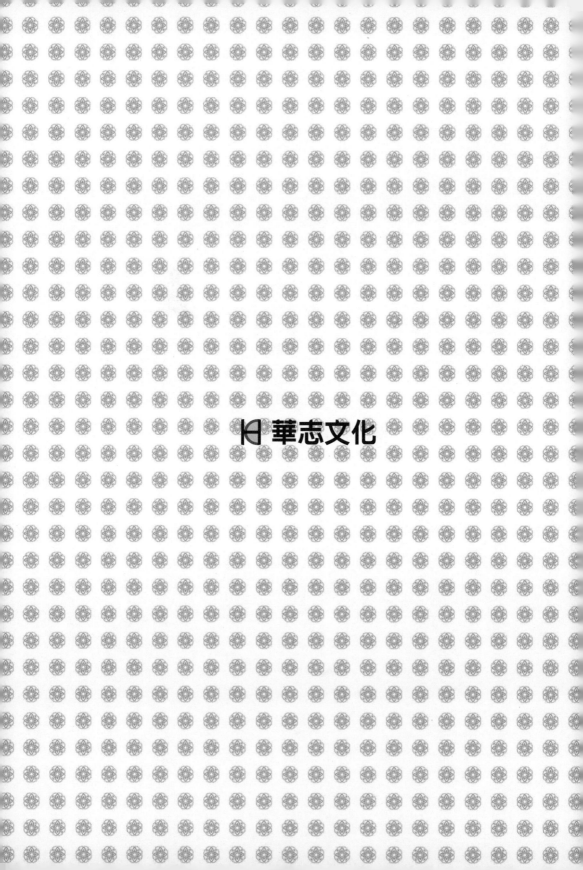

華志文化